U0523578

作者简介 AUTHOR INTRODUCTION

曾任：

江西云山企业集团子弟中学教师，江西云山企业集团总裁秘书，香港恒雅（深圳）公司市场部经理，清华同方股份有限公司商务部副经理，泰豪科技股份有限公司市场总监、策划部经理，北京大学民营经济研究院精细化管理研究中心主任。

现任：

北京中求细节管理咨询有限公司首席咨询师，南昌陆军学院客座教授，中国精细化管理研究所所长，北京航天飞行控制中心客座教授，《企业管理》杂志、《企业家》杂志特聘专家、专栏作者，《人力资源》杂志策划顾问，茅台研究院特聘专家，深圳腾讯高级顾问。

代表著作：

《细节决定成败》《细节决定成败Ⅱ》《细节决定成败（白金版）》《精细化管理》《企业可以做成一首诗》《营销人的自我营销》《1750-1950的中国》《契约精神》《谁能超越丰田》《浪费的都是利润》《零缺陷工作》《中国需要工业精神》《茅台是怎样酿成的》。

自媒体达人：

研究家庭教育课题十余年，2023年年底开设自媒体账号，讨论话题受到中国家长的普遍欢迎。总粉丝量10个月突破800万，单条视频最大浏览量过亿，"汪中求细节管理"账号中的以下短视频，获得10万+的转发："这样的金钱观值得所有人敬仰""数学有多奥妙，一个故事告诉你""格局会决定人的一生""我儿子以后不上高中都可以""这个社会，人类一定是走错了""人情世故是一定要学会的""珍惜当下""读书的意义到底是什么""为什么要读书，一个故事告诉你""这一届高考考生是最吃亏的""为什么现在年轻人不愿意结婚"……

汪中求

管理学家，中国精细化管理首倡者。2005年进入福布斯中国文化名人排行榜。2004年以来，在全国巡回讲座上千场，学员总数超过50万人；主持了上百个精细化管理咨询项目。

扫描二维码，关注我的视频号

解码中国式
Decoding Chinese Style Family Education
家庭教育

汪中求 著

图书在版编目（CIP）数据

解码中国式家庭教育 / 汪中求著 . -- 北京 : 企业管理出版社，2025. 1. -- ISBN 978-7-5164-3191-7

Ⅰ．G78

中国国家版本馆CIP数据核字第2024TY4967号

书　　名：	解码中国式家庭教育
书　　号：	ISBN 978-7-5164-3191-7
作　　者：	汪中求
策　　划：	朱新月
责任编辑：	解智龙　刘　畅
出版发行：	企业管理出版社
经　　销：	新华书店
地　　址：	北京市海淀区紫竹院南路17号　邮　　编：100048
网　　址：	http://www.emph.cn　电子信箱：zbz159@vip.sina.com
电　　话：	编辑部（010）68487630　发行部（010）68701816
印　　刷：	北京科普瑞印刷有限责任公司
版　　次：	2025年1月第1版
印　　次：	2025年1月第1次印刷
开　　本：	710mm×1000mm　1/16
印　　张：	15.75印张
字　　数：	186千字
定　　价：	88.00元

版权所有　翻印必究　·　印装有误　负责调换

管理专家为什么说家庭教育?

我是《细节决定成败》的作者,研究的课题是"精细化管理",为什么讨论起家庭教育来了?

作为管理专家,我认为家庭也需要管理,尤其子女教育是一个家庭最核心且最持久的管理工程。这个工程的设计者、施工方和责任人是无法雇用他人的,无从替代。而且,这一工程"输不起",无论立足现实,还是面对未来。

我研究管理学是半路出家的,早年当中学老师,师范出身,有一定教育学基础,2011年陪妻子在香港候产,集中读过教育类著作超过60本(见正文后的附录6《参考书目》),应该算懂行。

中国人强调"读万卷书,行万里路"。我走过500多个国内城市,还去过30多个国家,不说"阅人无数",确也结识了很多高人,包括很优秀的家长。我自以为有责任就教育问题做文化解剖。

老天厚爱,我有了四个孩子。老大已经成人,很好地经营着自己的小家庭;最小的还在读小学六年级。我在陪伴他们成长的过程中,积累了很多经验,总结了不少教训,分享给正在为家庭教育和亲子关系焦虑的家长,也是一份功德。

本书站在"邻居"的角度,跟广大家长诉说我对家庭教育的认知,分析家长们过去的一些错误行为,介绍我经历过的行之有效的教育方法。在过去的一年多时间里,我借助自媒体发过50多期有关亲子关系的短视频,也受朋友之邀给某省公安厅的干警和某市美术馆董事会成员开过讲座《别画错了孩子的起跑线》,每次都受到充分的认同、热情的支持和普遍的点赞。

今年暑假，我带着两个尚未成年的孩子国内旅游了一个月，游历了 8 个城市，大面积接触了企业家、教授、将军和老家的农民，也放手让孩子们去跟各地的同龄人深入交流，甚至在对方家长的许可下住进他们家里。当然，我还应儿子的要求参加了中国第 8 届花切（即花式切牌，扑克属于文创产品）大会。看到 11 岁、13 岁的孩子毫无违和感地跟成人愉快交流，还给同龄人鼓励，我内心更坚定了出版这本家庭教育书籍的决心。

就在我伏案整理这本书稿的时候，从马上上初中二年级的儿子（小名"小虎"）处得知，他的一个小项目取得了圆满成功。小虎自主设计和策划了一个产品——题为《留白》的花切扑克，向圈内的朋友发起众筹。在此，抄录小虎跟其中一位朋友的对话。

小虎：叔叔你好，请问我可以向您争取一个推销的机会吗？

胡叔叔：没问题，什么产品？你把产品介绍发给我。

（一系列图片展示）

小虎：这副牌是由我个人设计和策划的产品，目前设计定稿，并且收到了 31100 元的众筹款。如果您参与众筹，最好的情况下可以获得众筹金额 50% 的利润，并且产品有增值的可能。最差的情况是以单价 20 元 / 副获得等值数量的实物牌。众筹为自愿参加，您的参加相当于一次对我的支持和投资。我是通过我的父亲认识您的，但是这件事情上您不用考虑他，这是我个人的事情。

"留白"一词的意思，我也写在了牌盒的背面——"我们不能将一切填满，所以要为自己留白。"作品采用了简约的风格，并尝试了横版左右对称的创意，掏空了花色的中心，彰显主题。在我的花切圈子里面，横向的对称是没有出现过的，并且牌上带有哲理意味的内容，融合在了我的设计之中，通过省略因素、阐述的方式表达主题。

胡叔叔：好，有哲理，有创意，我投一份。

（胡叔叔发起了一笔10000元的转账）

小虎：您可以转款给我的父亲，他帮我代收。现在的情况下您不必投入太多，否则我的压力会比较大。感谢您的欣赏，这10000元就不必了，收您4000元，您看行吗？

我这个平板电脑收不了款，您转给我的父亲吧！麻烦了，谢谢！

胡叔叔：这个保底方案挺好。

小虎：感谢您的支持和帮助！

最后，小虎跟我商量决定，收了胡叔叔2000元的众筹款。

小虎在这之后给我发短信说：我现在决定不再拉众筹了，因为众筹款越多，我这副牌就不是限量1000副的了，而且对我也没有太大的好处，我觉得适可而止就可以了，见好就收吧。

同时，他收到众筹了1000元的同乡"夏叔叔"的短信：产品基本模式跑通，可以注册公司市场化。

不知道读者会不会认同这种行为，是否认为这就是教育。

汪中求

2024年8月24日于湖口汪榜村还是斋

震撼心灵的家教反思

汪中求教授带你画出孩子的正确起跑线

2024年8月20日晚，福建技术师范学院厦门校友会的部分校友有幸受邀参加了一场令人震撼的讲座。中华儿女美术馆李忆敏馆长特别邀请了中国精细化管理专家、《细节决定成败》的作者、茅台集团首席战略顾问汪中求教授，为在场的"中华儿女"们带来了一场别开生面的教育讲座《别画错了孩子的起跑线》。汪老师以他细节专家的敏锐独特的视角，深度观察中国式家庭教育的种种细节，并以自己的孩子为试验，实践自己独特的育儿教育理念，分享给在座家长们的都是"干货"。

一、家长岗位培训的缺失与反思

在当下社会，岗位培训几乎已经成为一种常态，然而，最为关键的"家长岗"却普遍缺乏系统的培训。汪中求教授一针见血地指出，养育孩子其实是一场修行，而中国式家庭教育中普遍存在的"妈妈卡位、爸爸缺位、老人越位"等问题，正是导致家庭教育效果不理想的根本原因。讲座中，他引用了发人深省的"十大怪现象"，揭示了中国家庭教育的现象：父母对孩子的控制、过度干涉和不切实际的期望，正逐渐扭曲孩子们的身心发展。

二、孩子的成长，需要正确的家庭引导

汪中求教授强调，孩子是独立的生命，童年也拥有应有的人

权。然而，在现实中，一些家长为了实现让孩子"成龙成凤"的愿望，不惜牺牲孩子的天性和幸福。他用生动的案例讲述了父母情绪管理失败对孩子成长的负面影响，并提出家长有效控制情绪、尊重孩子独立人格的重要性。

在谈及家长与孩子的沟通问题时，汪中求教授引用了上海一位小学生作文《爸爸，请你"跪"下来跟我说话》的故事，深刻诠释了如何以平等的姿态与孩子对话、沟通。这些事例让在场的校友们深受触动，纷纷表示将从自身做起，努力成为懂得尊重孩子、善于与孩子沟通的"合格家长"。

三、震撼教育的背后，是家庭教育的重新定位

讲座不仅为在场的校友们带来了震撼，也为他们重新思考家庭教育的本质和方法提供了新的视角。汪中求教授以自己在教子上的实践为例，分享了如何通过观察孩子的兴趣培养他们的爱好和专长，帮助他们在成长过程中建立自信和专注力。他强调，真正成功的教育不是把孩子塑造成父母心中的"完美形象"，而是尊重孩子的个性和天赋，帮助他们健康、快乐地成长。

这场讲座让在场的校友们不仅感受到了汪中求教授家教的独特视角，更深刻体会到了家庭教育中父母角色的重要性和影响力。通过这次活动，大家明白了家长的责任不仅是提供物质上的支持，更要在情感上、精神上与孩子共成长。汪中求教授的这场讲座为每一位家长敲响了警钟，让大家意识到真正的家庭教育需要从"自我"出发，审视自己，改变自己，才能真正帮助孩子画好人生的起跑线。

Alan 高山

2024 年 8 月 21 日

目录 CONTENTS

Chapter 第一部分 孩子教育的底线是"身心两健"

1. 望子成龙，对孩子的伤害不浅 / 003
   - 不要做孩子人生的"代驾"　003
   - 孩子穿反了鞋，要管吗　005
   - 参与孩子的人生规划，而不是"望子成龙"的设计　007

2. 家长不戒掉"恶习"，如何要求孩子 / 009
   - 孩子的言行从模仿家长开始　009
   - 教育不是单纯完成任务　010
   - 父母是孩子的同行者　011

3. 做一个低姿态的家长 / 014
   - 为什么不愿跟孩子道歉　014
   - 道歉也是一种榜样　016
   - 主动寻求孩子的帮助　018
   - 我在教育子女中"下错的棋"　019

4. 别让负面情绪毁了亲子关系 / 025
   - 良好家庭关系的四层内涵　025
   - 家长情绪负面多，孩子脾气多怪异　027
   - 家长情绪控制好，孩子性格阳光多　029

5. 如何让孩子向家长敞开心扉 / 031
   - 身心健康的孩子学习自然不会差　031
   - 心智成熟的孩子没什么明显的叛逆期　033

- 内心深处的尊重造就独立个性的孩子　035
- 把孩子当同辈人一样地交流　036

6. 教育错位现象：妈妈卡位、爸爸缺位、老人越位　/ 038
   - 妈妈为什么容易卡位　038
   - 越位的隔代教育　040
   - 爸爸角色的缺位　042

7. 不要让感恩和报答变成契约　/ 045
   - 辩证看待孝文化　045
   - 重新定义孝道文化　047

8. "自由"与"规则"是"爱"的延伸　/ 050
   - 把握孩子"自由"的度　050
   - "乖""听话"就是好孩子吗　052
   - 我为什么不强调考试和学分　055

Chapter
第二部分　观察兴趣，发现爱好，培养专长

1. 培养兴趣爱好就是培养能力　/ 061
   - 孩子所有的热情从兴趣开始　061
   - 看似"玩物丧志"的兴趣就一定没价值吗　063
   - 发现和培养孩子的爱好检验家长水平的高低　065

2. 在快乐中培养孩子的专注力　/ 068
   - 兴趣是专注力最好的老师　068
   - 提升专注力少不了家长的陪伴与引导　070
   - 玩游戏上瘾的孩子，你们都想错了　073

3. **你的善良必须有点锋芒** / 077
   - 心有莲花，则所见皆是莲花　077
   - 与人为善，但必须有点锋芒　079

4. **真诚永远是必杀技** / 082
   - 写过绝交信的铁杆兄弟　082
   - 真诚是做人的底线　084

5. **沟通不仅仅是张嘴说话** / 086
   - 巧妙的沟通能够有效地化解尴尬与危机　086
   - 消除沟通代沟的技巧　087
   - 沟通是一门技术　088

6. **生存是人生第一门必修课** / 091
   - 人有责任和义务把自己的一生照顾好　091
   - 职场很少有浪漫，也许更多是残酷　093
   - 社会不会惯着你，快速适应是能力　094
   - 人生一旦入错行，蹉跎岁月好时光　096

7. **如何合理地规划假期** / 099
   - 搞明白为什么会有寒暑假　099
   - 规划寒暑假也要因"龄"而异　101
   - 拾遗补缺、扬长避短安排好孩子假期　103

8. **如何让假期变得更有意义** / 105
   - 背对学校走出去　105
   - 假期兴趣班究竟报不报　107
   - 完成特别的"假期作业"　108

Chapter 第三部分　人生运气好其实是习惯培养得好

1. 金钱观影响孩子的幸福感　/ 113
   - 不回避金钱，正确看待钱　113
   - 我给孩子的六个金钱观　116

2. 管理好时间才能管理好人生　/ 121
   - 影响时间管理的"三大杀手"　121
   - 时间管理的七大基本常识　122
   - AI 时代提高时间使用效率的四点建议　125
   - 智能时代的到来给家庭教育带来了哪些新要求　126

3. 良好的第一印象来自礼仪　/ 129
   - 礼仪是获得他人尊重的第一步　129
   - 切莫忽视礼仪中的小细节　131
   - 礼仪做到位，人生受加持　132

4. 健康的体魄才能适应长跑的人生　/ 135
   - 生活作息中的八大细节　135
   - 饮食习惯中的五点思考与建议　137
   - 勉强成习惯，习惯成自然　139

5. 心智成熟面对挫折才不会"玻璃心"　/ 141
   - 挫折教育戒掉"骄娇二气"　141
   - 日本幼儿园发糖——延时训练猜想　142
   - 意志力训练帮助孩子打破"舒适区"　143
   - 小小男子汉，满满责任感　145

6. 读书可以改变一生的气质和品质 / 148
   - 潜移默化，让孩子爱上读书的六点建议　148
   - 走眼走脑走心，读书的三种境界　150
   - 践行终身，读书的三个层次　152

7. 自我修炼是伴随一生的成长 / 156
   - 自我修炼，为人生找到意义　156
   - 静心治愈浮躁，知足心控制贪欲　157
   - 静思与反省，曾国藩的自我修炼法　159

Chapter
第四部分　世界并未过滤，人生早做准备

1. 只有拥抱团队，才能放大个人价值 / 163
   - 气球实验背后的团队协作　163
   - 个人与团队的14点思考　166

2. 测测女孩子的职场运势 / 169
   - 职场女性面临的四大困难　169
   - 我对职场女性的三点建议　172

3. 从爱出发，一生好运 / 175
   - 兄弟之亲，首推苏家　175
   - 朋友之爱，胜似兄弟　177

4. 从爱情到婚育，人生如何行稳致远 / 181
   - 爱情到婚姻的组织变革　181
   - 子女带来的家庭结构升级　182

- 在婚育观上尊重子女的选择　185

5. 带着孤独一起玩　/ 188
   - 排解烦恼孤独的两点思考　188
   - 在生活中寻找趣味　190
   - 当代年轻人感到无聊的四大症结　191

6. 外面的世界有精彩，也有无奈　/ 193
   - 外面的世界不那么"纯净"　193
   - 青少年"社恐"是怎样造成的　197

7. 人生那些需要守住的底线　/ 199
   - 人生观不能是空洞虚无　199
   - 三观没对齐不要深交　200
   - 克制人性的贪婪　201
   - 人生不必太过匆忙　201
   - 千万不要伤害可怜的人　202

8. 人生的终极目的到底是什么　/ 204
   - 平淡的生活过优雅，富足的生活有意境　204
   - 会思考的人更幸福，不计较的人才洒脱　206

附录　/ 209

- 附录1　姥姥赞　209
- 附录2　给女儿待人接物的36条建议　210
- 附录3　人之初，本无知；元之旦，蒙学始　214
- 附录4　读者来信　218
- 附录5　近年高校专业新增和裁撤前100　220
- 附录6　参考书目　229

解码中国式家庭教育

第一部分 One

孩子教育的底线是"身心两健"

1. 望子成龙，对孩子的伤害不浅

> "你们（父母）应该由着他冒险，应该在一定程度上允许他冒险。"
>
> ——苏联教育家马卡连柯

我有一个朋友叫聂圣哲，是知名的实业家和教育家，写过一本叫《养活教育》的书。他的公司里面挂着一幅这样的对联："祸从望子成龙出，福自盼儿平安来。"这个对联中隐藏着我想要阐述的观点，"望子成龙"对孩子伤害不浅。看到这个观点，很多家长会持反对意见，作为教育家的聂圣哲为什么写这样的对联？

不要做孩子人生的"代驾"

我曾做过一个关于"望子成龙"话题的专访，一位年轻的父亲跟我讲过这样一段话：孩子是独立的个体，家长给孩子带来生命的体验，但不应该控制他们的人生。所以孩子未来发展成什么样，成长为一个什么样的人，是由孩子自己决定的，而不是由家长决定的。

很多事情家长替代不了孩子，更不能让孩子去帮助家长弥补所谓的人生遗憾，否则孩子的一生太悲惨了，**不能让孩子为家长而活**。一些家长总是希望孩子帮自己把没有完成的事业做完，或者非要让孩子去达到自己没有达到的境界。家长留下了很多的遗憾，却不去责备自己、检讨自己，而把这么重的担子压在孩子的身上，这是在爱孩子吗？

我曾经在一次家长会上说过这样一段话：有些家长自己当年考试成绩倒数第二，但是今天却责怪孩子没有考到第一名。这种家长总是给孩子提出极高的要求，甚至当孩子得了第二名的时候也要受批评，这样做太不应该了。孩子毕竟年纪还小，不可能承受那么大压力，当然谁都希望孩子成才，但过犹不及只会适得其反。

成才有很多种途径，也有很多个方向，成才是孩子自己的追求，为什么要给他定位呢？比如考试成绩没得第一名就不能成才吗？孩子偏科，数学不好语文好，未来就不是人才了吗？孩子读书不好，喜欢踢足球难道未来就没有出息吗？

我有一个文学老师，我发表的第一篇铅字印刷的文章就是他负责的杂志编发的，他是我文学入门的引路人，他对他女儿的教育我认为就非常成功。

他的女儿非常优秀，是上过《中华儿女》杂志封面的女企业家，她的事业是一步步发展起来的，之所以如此成功全都是因为我的老师一直把她看成一个独立的人。比如，小时候喜欢写作文，喜欢写日记，老师就努力去帮她，指导她看很多书，他给的书目孩子不喜欢看或没看，也不怪她，由着她的喜好来，跟着她的兴趣走。他是个作家，知道哪些书是好书，哪些书是经典，但并不强迫孩子去看这些书，而是让孩子选择自己喜欢看的书。

他女儿读小学的时候相对偏科一点，数学成绩不太好，可他从不责怪女儿。后来她上了中学以后，也不是所有科目都优秀，他也没有过多责怪。她考上大学后，曾经有段时间去云南采风，很长时间休假，他也是坚决支持，哪怕为这件事耽误一些课程，也认为是应该的。

我的老师对女儿确实是给足了自主权，没有过多地矫正她，管控她，而是让她作为一个独立的人自由发展，自己只做好指导和帮助。

家长一定要把孩子看成一个自由的生命，看成一个有自我决策能力的个体。孩子在不同的时间段对不同的事情可以做出任何决策，哪怕再小都有一定的决策能力。

孩子穿反了鞋，要管吗

在这个问题上，我最近形成一个观念：家长要相信孩子有权制造问题，同时又能解决问题。孩子有时候会做出让父母难以理解的事，或者说他制造了麻烦，但是孩子毕竟是孩子，他有权利制造麻烦，这很正常。比如孩子端碗没有端住，碗摔在了地上，这是个很正常的事情，没有什么可责怪的，没有必要去苛责他。这就是我说的孩子"有权制造问题"。

法国哲学家卢梭说过，"要让孩子活得像个孩子"。孩子在不同的年龄段一定会制造出很多不同的麻烦，或者会产生一些大人不认可的事情。这又有什么关系呢？家长只要在安全问题上能够小心地保护好孩子，其他的事情就尽可能让他去发挥。我坚定地认为上天赋予了孩子制造麻烦的机会，同时家长也要相信孩子是有能力解决问题的。

事实上孩子的很多问题是自己可以解决的。我记得在欧洲学习的时候，有一次看到一个孩子的左右脚鞋子穿反了，我想马上去提醒孩子，帮助他换过来。结果孩子妈妈拉住了我，不让我管这件事。后来交流时这位妈妈对我说：你放心好了，鞋子穿反了，孩子的脚趾头会不舒服，总有一天孩子会发现，发现之后他自然就会纠正过来。我非常认同这个妈妈的教育方式，让孩子自己去分析问题，让孩子自己感受麻烦，让孩子自己去解决问题，这个一点都不难。

日本的小孩子上学背的书包很大，里面装很多东西，要带午餐、带手帕、带勺子、带饮水杯等很多生活用品，所以塞得满满的。幼儿园的孩子带餐去学校，吃的时候要放到微波炉里热一下。我发现学校的老师不会帮助学生拿出热好的午餐，但是会教学生们怎么拿，所有的家长都会给孩子配一只棉手套或棉麻手套。

那些孩子都会从微波炉里拿自己的饭盒出来，这让我感受很深刻。我想一些家长是绝对没有耐心试着让孩子自己去拿微波炉里热好的饭菜的，但是家长只要站在旁边指导孩子第一次该怎么拿，然后让孩子再观察几次，实践几次，在安全上做好保护，他一定能学会自己拿的。所以三岁的孩子都有能力去解决一个困难，更不用说更大的孩子了，很多事情根本就没有家长想象得那么危险。

即使发生危险，或者说孩子在某个年龄段里会出现的可控的风险，不如在家长的眼皮底下让它出现，这样家长才能很好地帮助孩子。我女儿一岁多的时候，手指到处抠，甚至塞进电器插孔。我把电蚊器通上电，把她的小手顶在发热的电热片上，一边反复说"电""电"，以后提到电，她就不盲目地抠电器了。

我的一个学生给我发了一段语音，我觉得讲得很有意义。他说小学、初中的孩子勉强还可以依靠父母，到了高中就只能依靠老师和自己了，之后走向社会，没有了拐杖，完全靠他自身的积累和有效的选择。我认为他讲得非常对。

孩子可能会制造出问题，或者说制造出麻烦，或者会发生一些大人认为的错误，但是他未来总是要离开家长的，没办法什么事情都靠家长来帮助他。孩子在小学还可以靠家长，到了初中很多家长就有些吃力了，不如近距离观察，让他自己学会解决问题，这才是非常有效的教育。

孩子有权制造问题，也能解决问题。家长一定要让孩子独立起来，以健康的人格成长。

参与孩子的人生规划，而不是"望子成龙"的设计

我要提醒广大家长，要较早地参与到孩子的人生规划。虽然对孩子不要过多地指挥，过多地定很高的调子，甚至不要过多地参与困难的解决，但是我认为应该比较早地参与孩子未来的人生规划，请注意是规划，强调的是参与，不是强加，不是给予，不是命令。

本节一开始我就引用了聂圣哲的那副对联——"祸从望子成龙出，福自盼儿平安来"，就是让家长不要对孩子有望子成龙的设计，一定要成龙成凤，一定要出人头地。定调太高，无形中给了孩子很大压力，会严重影响他的成长，况且家长都没有"成龙成凤"，何来说服力？

如果家长非要孩子成龙成凤，他的心态会扭曲，会给他带来很多的麻烦，甚至灾难，这就是"祸从望子成龙出"的原因。家长只要让孩子健康成长，他也会逐渐提高，走向人生高峰，拥有一个更加灿烂的未来。所以"福自盼儿平安来"中，我只强调家长在安全上小心守护孩子，其他问题不要过多参与，更不要给明确的指标。关于孩子的人生规划，我说的"参与"就是跟孩子一起探讨，尤其是到了初中以后，更应该去探讨，因为这个时候孩子基本在很多问题上已经定型了。

中国有句老话叫"3岁看大，5岁看老"，更多地是从性格、秉性方面说的。只有更全面地评估，才可以看出孩子在哪些方面有优势，在哪些方面的能力更强；在哪些方面弱一些，在哪些方面是有些

欠缺的，或者在哪些方面可能不一定能够补得上。家长可以跟孩子讨论未来有什么想法，人生有什么追求，或者孩子需要家长在哪个方面给他一些帮助，这些是可以讨论的，所谓"参与"更多的是讨论。

当然，孩子有时候对于自己的规划可能不切实际，或者说低于家长的期望，家长可以把自己的想法拿出来跟他分享，但是千万不要站在说服的角度，因为这样很容易给他强制的感觉，只要一强制，孩子心态就会有变化。

以下我重点讲三个观点，以供家长们参考。

第一，一定要视孩子有独立的人格，要保护他们人格的健康成长，不要给孩子过多的压力和过高的指标。

第二，要相信孩子在不同的年龄段会制造出问题来，但是同时又要相信他们是有能力去解决很多问题的。他们通过自我学习、自我体验、自我观察或主动寻找资源，解决自身所面临的问题，这样父母既能够很好地保护孩子，同时又帮助了孩子。

第三，要学会参与孩子的人生规划，帮助他们分析未来，支持他们的主见。即使家长自己有明确的思考，也不要强加于孩子，最多只是分享出来供他们参考。

家长给了孩子生命，目的是让他去体验人生。家长不要把孩子的人生操控在自己手上，不要让孩子为家长而活；不要破坏孩子的幸福，不要影响孩子的追求；一定不要让孩子的心态在家长的干预下变得极其扭曲。孩子健康成长，也许会成长为家长根本想象不到的了不起的人。

2. 家长不戒掉"恶习",如何要求孩子

> "你的行为是你最好的教科书。"
> ——英国哲学家约翰·洛克

"子女教育只有身教,没有言传。"这句话我是从教育专家孙云晓老师那里听来的。有一次我们在北京吃饭,我跟他请教家庭教育的事情,他说子女教育只有身教,没有言传。当时我猛一听这句话不太能理解其中深意,后来细细品味,逐渐明白他想表达的意思:很多家长教育孩子往往是长篇大论,目的是说服孩子、指挥孩子、命令孩子,希望通过说教把孩子所谓的"错误"纠正过来、扳过来,但是就没有好好想想,是不是自己说得太多了?事实上,孩子在很多事情上用不着家长去说,只要做给他看,这里指的是好的行为,孩子自然就会效仿,有时还会在此基础上比家长做得更好。所以我坚信这句话是正确的,并在实际生活中努力践行。

孩子的言行从模仿家长开始

身边的朋友和我直播时互动的观众经常提到一个现象:孩子的父亲刚刚结束应酬,喝完一顿大酒,微醺着回到家,看到孩子就问作业做完了没有?我个人觉得这句话问得很不是时候,就算这位父亲关心孩子的作业完成情况,在醉醺醺地回家时问这句话效果也不是很好。孩子可能就会想:你既然这么关心我,为什么不早一点回家,而是还要在外面喝酒呢?或者说不是以这种状态来关心我。

很多遇到这种情况的孩子，在父母的这种不太漂亮的表现面前是很难听进去话的。我再举一个很有代表性的例子：一些妈妈酷爱追韩剧、美剧，一追起码就是一个月，晚上到点就追，雷打不动，但是她们却严厉制止孩子看动画片。很多家长不理解孩子为什么会有这样或那样的行为，而且反复地跟孩子说教，都是因为没有身体力行地为孩子树立好的榜样，很多自己做不到位的事情却非要孩子尽善尽美，这样对孩子是完全没有说服力的。我们家就有一个并非明文的规定：孩子睡觉前看到的最后一个画面是至少有一位大人在读书，包括爸爸、妈妈、外婆，甚至是保姆。长此以往，后来基本上不用跟孩子说"去读书"了。我儿子在小学期间，如果我没有出差，他放学回家不会在门口喊"爸爸"，而是习惯到我的专用小书房跟我打招呼。每次如此，终成习惯。

教育不是单纯完成任务

步入中老年行列的父母中，有一些特殊的现象也是我不太支持的——随着孩子长大，父母"躺平"了。他们认为年轻时通过奋斗现在有房有车，孩子学成毕业，结了婚组建了自己的小家庭，父母的"任务"就算完成了。我也听到另外一些父母说：我现在"任务"还很重，孩子还没上大学，还没结婚，我再帮孩子付一个房子的首付，以后就没事了。

这些父母把对孩子的教育看成一个短暂的"阶段任务"，并没有看作一生的工作，但事实上孩子的成长对于父母来讲是需要用一生陪伴的，所以父母的教育，或者叫言传教，特别是身教，是父母一生都要践行的。"家长"岗位终身不得推脱，从来不可替代。

有的孩子刚刚参加工作，面对比较大的职场压力，比如在单位跟同事相处怎么样，工作的压力大不大，上司是不是比较公平，有没有遇到什么大的困难，找谁可以得到支持或帮助等。还比如现在的收入能不能养活自己，生活费是如何分配处置的，是不是谈恋爱了，对象是什么样的人。如此种种，很多事都是值得父母关注的。

孩子是独立的生命体，父母要给他充分的自由空间，但是不等于不给予应有的关注。孩子已经长大了，家长也是要给予关注的。特别是面临沟通困难的父母，普遍对孩子的关注较少，尤其是父亲。既然过去关注得少，对孩子的支持不够，甚至在一些方面对他产生了负面的影响，那么现在孩子长大了，家长应该做些什么呢？我想应该把恢复良好沟通作为首要目标。要想做好这件事，家长应该真正站在朋友的角度对孩子表示关切，凭借自己的人生经验跟孩子讨论，并且作为建议给出自己认为的最优化处理方式，当然在这个过程中要坚决避免指挥、命令、呵斥、批评的口吻。

父母是孩子的同行者

如果父母还保留着年轻的心态，能够继续陪着孩子一起成长，这是最好的。比如孩子正在读研究生，母亲可以重拾自己上学时学的英语，虽然说读一读、看一看可能在之后的生活中没有什么应用之地，但是站在一个母亲的角度，重新捡起英语来读，对读研究生的孩子不仅是一个巨大的、潜移默化的帮助，同时也是鞭策，这就是身教的力量。再比如孩子正在职场奋斗，在过程中碰到很多阻力，他有很多的苦恼，如果这个时候退休的父亲可以整理自己过去在职场上发生的事情，然后以案例的方式跟孩子好好交流，那么在整个过程中，不仅可以帮助孩子梳理解决问题和消除阻力的方法，说不定还能拓宽自己的思路，因为毕竟现在的职场环境和当时有很大差别，这也是一个自我学习提升的好机会。

这时父母并不是在指导孩子应该怎么做，而是以朋友的角度去分享自己的经验；不是去强行纠正孩子不应该这样或那样做，而是以平等的身份交流，就像面对一个火车卧铺同行的陌生年轻人一样，只是分享自己的经验，我相信孩子是不可能听不进去的。

到了一定年龄之后，父母仍然可以扮演着"同行人"的角色，无论多大年龄，都有教育的责任、义务和意识，也包括教育的能力。这个时候的教育不是苦口婆心的劝说，也不是随时随地的批评，而是用行动做给孩子看，表示出家长还能跟他一样去做很多事情，这是很了不起的。

这里我想说一个自己的例子，我曾经不止一次提到过，我家十几年前就没有客厅，因为家里几乎没有什么客人上门，如果来的客人不多，可能直接领到书房详谈，或是带到餐桌喝茶、吃饭。如果来更多的客人，我一般会安排到酒店，很少会带到家里来。客厅在我家其实是没有什么实际作用的，这样我就有机会把客厅重新改造成一个大书房，把两面墙做上书架，把几千本书全部放置在书架上，满满当当。

我这样做的目的很简单——让孩子能够感受到这个家是比较重视读书的，他的爸爸还是坚持读书的。我家这个"客厅"的中间放了一个很长的条桌，我们一家人经常围着这个桌子读书，哪怕每个礼拜有一天是这样的光景，也是非常好的事情。只要这样做了，营造出了这个氛围，孩子怎么会不爱读书呢？

事实上，无论孩子多大，父母都可以像我这样做，当然一些家庭可能没有我家的书多，其实不在于书多书少，而是有这个行为习惯是最重要的。如果父母年长仍然坚持读书，退休了还经常看书，孩子已经走向社会了,当看到这样努力进取的父母,肯定会燃起一股热情,或者说对人生有了更深刻的理解,自然就会觉得在社会上打拼并没有那么累,因为自己的父母还这么努力,这个感受是非常特别的。父母摆出一种姿态,把好习惯展示出来,这样才能给孩子做好榜样。这就是身教大于言传的概念。

在这个问题上,无论孩子在学校还是已经走向社会,每一个年龄段的父母都有很多事可以做。有的人可能会说:我家很普通,夫妻俩可能读的书不是很多,不在大城市,收入也不算很好,我们能把孩子培养出来,有大学可以读就已经很不错了,并不能做什么。

我认同这种思想,只是想阐明普通的家庭同样可以上好家庭教育最重要的基础课——父母恩爱。哪怕家长双方在很多方面完全没有优势,普通得不能再普通,但是至少在相敬如宾、恩爱如初等方面做得很好,这对孩子也是非常有意义的。

身教有非常多的表现形式,家庭教育中,无论孩子处于什么年龄段,无论家长自己是怎样的父母,只要有这份心,就一定会找得到适合自己的形式。家长只要去做了,对孩子的影响就一定是正面的,会给孩子带来正向的引导和促进。

孩子可能在很多方面比父母更成功,比他们懂得更多,但是如果父母身体力行,用力所能及的行动促进和影响着孩子,就仍然是他们的一盏"明灯",父母也能在这个过程中收获意想不到的惊喜,与孩子一起进取,共同进步。

3. 做一个低姿态的家长

> "父母错了,如果能够向孩子说一声对不起,可以帮助孩子建立自尊,同时能培养孩子尊重他人的习惯。"
>
> ——美国心理学家罗达·邓尼

作为家长,你给孩子道过歉吗? 一些家长不太愿意诚恳地坐下来跟孩子交流,自己做得不妥时更不愿意给孩子道歉,想保持家长的威严。事实上,所有人都难免有说话行事不妥当或失误的时候,家长也不例外。我想跟家长们,特别是年纪稍大的家长说,在生活当中一定要想办法与孩子成为真正的朋友,这个前提就是放低你的姿态。

家长教训孩子、骂孩子,甚至打孩子,绝对不是教育。多数情况下,这只是个人情绪的发泄,有的时候只是为了证明自己具有权威性。发现、提示、指正、批评都是有效的教育方法,但是一味地指责甚至打骂,只会伤孩子的自尊,对亲子关系和教育完全没有积极的意义。

当然,为人父母也是普通人,有的时候也做不到那么好,一旦失控错发脾气,事后应该向孩子真诚地道歉,这是对人格的尊重。部分家长做错事后不会或不愿意和孩子道歉,这就容易导致亲子关系产生裂痕。

为什么不愿跟孩子道歉

关于家长不愿跟孩子道歉的情况,我总结了以下四点原因。

第一，部分家长有天然的权威心态，在孩子面前是长辈，就要表现出权威，说一不二，力求管教、指导甚至控制孩子，这样一来会导致双方关系不平等。存在这种不平等关系，家长在心态上就不太愿意承认错误，更不可能主动道歉，这是最普遍的一个原因。

第二，个别家长觉得如果给孩子道歉，个人的自尊心就受到了损害，会让孩子认为自己是无能的，是软弱的，会影响自己在孩子心目中的高大形象，这是比较自私的考虑。

第三，有的家长认为自己可以道歉，但是道歉只想停留在语言上或形式上，自己之后在行为上改正就行了，其实这样道歉解决不了问题。这类家长的内心深处知道自己做得不妥，但是认为不必非要说出来，在以后的实际行动中纠正它就够了，这也是一种思考。

第四，部分家长由于缺乏沟通技巧，开不了口，不知道以什么样的语言、表情在什么场景下去跟孩子道歉，这涉及沟通的能力问题。

以上这四点原因中，我认为最重要的还是由权威心态导致的关系不平等，底层的逻辑是家长并不认同"人人生而平等"，并不承认家长与孩子之间的人格平等。事实上在亲子关系中，如果家长真地做错了或做得不妥，那么就事论事地向孩子道歉是正确且非常必要的。

现在一些年长的家长在跟子女的沟通上效果较差，甚至沟通路径都断了；如果能够主动去反思，在自己身上找原因，哪怕是很小的事，很诚恳地向孩子道歉，对于修复亲子关系和恢复沟通渠道都是非常有帮助的。

一些年纪较大的家长不要认为在孩子小时候给他道个歉无所谓，等孩子长大成熟了，再跟他道歉就太难为情了。这恰恰说明了过去对孩子的道歉是虚假的，是敷衍的，是形式主义的，是带有表演性的，是不真诚的。

道歉也是一种榜样

给孩子道歉还有一个非常重要的价值，过去很多家长可能意识不到，那就是树立一个好的榜样，对于培养孩子的道德品质，包括社会责任感都非常有意义。

家长是孩子最好的榜样，孩子会经常拿家长来对标，所以家长如果自己做错了事不愿意道歉，那么孩子就会以他作为参照，在之后的社会交往当中也会这样做。这样一来就会引发很多问题，社会不会像家长一样包容和迁就孩子犯错，如果没有说"对不起"，别人不一定会回复"没关系"，那就真的"有关系"了。

孩子长大成人之后，往什么方向发展，在很大程度上取决于家长一直以来在行为规范上的影响，尤其是父亲。有所谓"尊严感"的父亲犯错后一旦在孩子面前没有真诚地道歉，会给孩子未来品德的形成带来很多后患，这是特别需要注意的。

我有一个同事，家庭条件比较好，住在一个人车分流的小区。他的儿子当时6岁，经常跟邻居家差不多大的孩子在小区里面玩，这一群孩子中他比较大方，经常从家里带食物分享给大家。

有一天，这个孩子想去买一些新出的零食给其他小伙伴吃，但是他手头没有钱，压岁钱被妈妈存放起来了，于是他就在家里翻箱倒柜地找，后来不知道从哪里找到了100元钱，当时他不知道100元是什么概念，没多想就把这钱拿走了，当然也没有跟妈妈打招呼，很开心地请小伙伴吃了一大堆零食。

没过多久，妈妈就发现家里的钱少了，想到可能是孩子把钱拿走了,就问他是不是拿家里的钱了。他一开始还不愿意承认,支支吾吾,最后好不容易才说拿钱请小伙伴吃零食的事。

他的爸爸,也就是我的同事在处理这件事上做了一个非常聪明的决策,他把孩子叫过来,没有马上发火,也没有指责,因为6岁的孩子可能并不知道这件事自己错在哪里,所以指责他其实是没有用的。

我的同事跟他的孩子说:你跟小伙伴在一起玩,经常主动请他们吃一些零食,这没有什么不对。如果你自己有钱,拿点出来买东西给他们吃,我们是支持的;但是你要知道,你现在不挣钱,如果想花钱,是需要计算和盘算的,不要认为花多少钱都可以,因为这个钱不是你自己挣的。除此之外,更重要的是你拿了妈妈的钱,没有跟她打招呼,而且事后还不愿意承认,这样做就涉及人品问题了。

他接着说:你请小伙伴吃零食是对的,但是没有计算是不对的,拿妈妈的钱去买也是不对的,拿了钱不愿承认这就更不对。所以你在这件事情上虽然方向上是对的,但做法上有三处不对。

他批评完儿子说道:为了这件事情我要对你有所惩罚。说完拿出了一把戒尺,他跟孩子说:我要打你10下。这个孩子当时很紧张,也很委屈,但是也愿意接受,毕竟他做错了。

我的同事接着对孩子说:目前你认识不到自己的错误,说明是爸爸的错,因为中国有句古话叫"子不教,父之过",对这件事情而言,今天先让妈妈用戒尺打我10下,然后我再打你10下。我很欣赏这个创意,这个爸爸会把孩子错误背后反映出的深层次的责任揽到自己身上,给孩子树立了非常好的榜样。

这个做法确实是一个非常漂亮的设计,我认为做家长的就是要大方地、坦诚地检讨自己，当着孩子的面去承认自己的错误和不足，这样才能非常有效地跟子女之间保持好的沟通关系。年纪比较大的父母，特别是长期以来过于严肃的父亲，如果这样做，对于家庭关系的融洽和沟通的顺畅都是非常有价值的。

主动寻求孩子的帮助

我还想给广大家长一个建议：你随时可以找孩子帮忙，无论孩子多大，未成年甚至更小的孩子同样是可以给你提供帮助的。你可以把自己的困难或没有想清楚的事情分享给孩子，让他帮你出主意、提供支持，这种做法其实非常有利于构建融洽的亲子关系。

家长要让孩子意识到，有的时候孩子是比爸爸妈妈强的，他们并不是权威，或者并不是所有事情都是对的。这样做对于孩子正确看待父母非常有帮助，一个自然的、并非高大上的爸爸或妈妈，反而让子女更加欣赏，也就更容易亲近，这个做法我在生活当中应用得比较多。我是农民的儿子，出生的时候家里很穷，小的时候有些课程根本就没学过，一直到高中毕业都没有认真学习英语，所以我的英语水平肯定不如我的孩子。我经常拿一些单词问孩子怎么念，或者问如何区分某两个单词，这是常有的事情，我并没有觉得这有什么不好意思。

另外，我对很多体育项目一窍不通，比如足球，我从来没有认真看完过一场足球比赛，但是我儿子在幼儿园的时候就已进校队踢中锋，参加全市的比赛。他经常跟我讲一些足球相关的知识，我也表现得非常低调、诚恳、谦虚地聆听和请教。他每一次眉飞色舞地跟我聊足球的时候，都会觉得自己的价值得到了展现，以后就更愿意跟我多交流，什么新鲜的事他都愿意跟我说。

我在音乐上也是一窍不通的，没学过简谱，更不用说孩子们现在熟悉的五线谱了，一大堆的"蝌蚪"看得我头晕。但是小女儿在这方面已经很厉害了，十岁时就学了五年钢琴，三年声乐，一年乐理。所以，有的时候就音乐方面的事情我更愿意聆听小女儿的讲述，她会分析一个歌手，一首歌曲，或者一段歌词的内容以及表现方式，说得头头是道。我也经常故意去找一个相关话题来跟她做交流，以激起她的自信心和成就感。

这样一来，对于他们擅长的领域，在我面前就有了一个很好的表现机会，但我觉得并没有影响我在孩子心目中的地位。

家长跟孩子之间的交往，如果想更融洽，其实是有很多方法的，包括及时承认错误，放低自己的姿态，向孩子求教自己不懂的领域，自己做不好的事征求孩子的意见，让孩子能够提供一些有价值的建议等，这些做法都是必要的。

我在教育子女中"下错的棋"

教育没有标准模板，别人家教育孩子的成功方式不一定学得来，但是，教育孩子失败的方式可以尽量避免。家长在子女教育的实践当中一定会出现失误，我就有很多失误。

（1）初为人父时的错误做法。

大女儿出生时，我仅有24岁，心智还不算成熟，虽然是师范大学毕业，在中学教高三的语文，能胜任工作岗位，但是在父亲这个岗位顶多算是个实习生，毕竟第一次做爸爸嘛，很多事都把握不好。

那个时候大女儿也会做一些让家长生气的事情。两三岁的她经常表现出过于调皮捣蛋的一面，我更是不知道怎样去约束她。由于自己年轻气盛，容易急躁，就把她单独关在一个黑暗的小空间里。

其实这是一个非常错误的做法，两三岁的小孩被关在一个黑暗的空间里，会让她产生巨大的恐惧感，对她后天性格的形成是有破坏力的。这种"酷刑"用了多久，我现在也不记得了，大概有一两年的时间。后来大女儿确实一直都很乖巧，但是也不太主动跟人交流和敞开心扉地说话。

关禁闭的处置方式对她造成了伤害，她长大了之后，我很认真地就这件事向她道歉，后来通过学习和自我磨炼，她内心的阴影才没有对现在的生活产生困扰。但是我认为这对于她来说是一个比较漫长的痛苦过程，至今我还为此事愧疚不已，由于自己的无知，在对待孩子时严重违反了原则。

关于大女儿，还有一件事情让我经常反思和总结。我记得她在小学三四年级的时候学写作文，那时很多家长都帮孩子来构思作文的创意，或者帮孩子策划选题、修改句子。因为我那时候是语文老师，妻子就提醒我要指导孩子写作文，我认为孩子这么小写作文就要家长辅导，没有必要，即使辅导她把这个作文写好了，也不是她自己的真实成绩，还容易让她对自己的能力产生误判。

所以，我拒绝辅导孩子写作文。但现在看来，我的做法是错的。当时我应该辅导她，以什么方式辅导是另外一回事，但是辅导是必须要做的，因为其他同学都在家长的辅导下把作文完成得很好，我女儿自己写作文没有辅导，长期下去她就会认为自己的写作水平不行。

本来大女儿是很有语言天赋的，观察事物也很细腻，也有创新意识，但是因为我没有及时给她辅导，没有培养出她写作的自信，使得她后面在写作上一直没有把自己的优势表现出来，或者说没机会表现出来，这方面应该说是我耽误了她。给予指导，培养孩子的自信，这一点其实是家长应该做的。

（2）二次"上岗"时的诸多失误。

按道理，对于第二个孩子，我应该会表现得更成熟一些，因为她和姐姐相差了10多岁，但是实际生活中我仍然会犯很多错误。

二女儿从小就很活跃，跟她姐姐比起来更调皮，我们在教育上更放手，她保持了很好的自主性。我记得她四年级的时候非常喜欢画画，而且取得了不错的成绩，动漫绘画的专业考试考到了9级，是最高级了。这方面她很有天赋，在五年级的时候她就在网上给一本叫《触漫》的杂志审稿，因为漫画的投稿量巨大，需要有人做初审。我记得好像选中一幅画，杂志就给她5角钱的报酬，她做得很愉快，还能挣一些钱。因为她在那里工作，能接触很多作者，也学着在网上收画画的学生。印象中她前后好像收了3个学生，而且都是比她大的初中生或高中生。

她凭借自己漫画的专长开始挣钱，这其实是非常好的事情，但是我作为父亲，没有及时地对她的优势和发展表示出更多的赞赏，很少由衷地夸奖她。因为这孩子从小就聪明伶俐，又很活跃，我担心她容易骄傲，所以很少表扬她。

现在看来，我这样做是不对的，因为连成人都需要表扬和肯定，何况一个孩子。我很吝啬对她的赞赏，以致于现在二女儿已经18岁都上大学了，反而对漫画创作没有了太大的兴趣，她跟我说的理由是"没有了创作的源泉"。

孩子的自信是父母真诚夸奖出来的，孩子的兴趣特长是在父母及时的鼓励下坚持下去的。

事实上，生活当中从来不缺创作的来源，也从来不缺启发，但是她没有了兴趣，就意味着她在成长的过程当中没有被肯定，没有得到有效的激励，应该说我作为父亲是有责任的，没有保护好她的优势，没有帮助她把这个优势发挥出更大的作用。我希望以后她有机会重拾这个爱好，重拾信心，发挥特长，也许有机会修正我之前的失误。

（3）男孩教育上的小弯路。

我家老三是儿子，他是在香港出生的，我利用陪妻子待产的一个月左右的时间恶补了很多有关家庭教育的知识，前后大概翻阅了近70本相关的书籍，所以在儿子的教育上，明显的错误可能就不太容易犯了。

这时生活水平已达"中产"，家里雇了一名保姆。儿子有很多兴趣爱好，整天把自己的时间安排得满满的，对于兴趣爱好，他总是积极主动、自觉专注。很多年以来，我很少让他参与家务。虽然有的时候我也意识到应该让他做一些家务，但是看他忙忙乎乎的样子，就不好打扰他。

现在想来，这些对他会造成一些影响，一些好的生活习惯没有养成，当然不是什么大的问题，但是仍然算是瑕疵，比如他一回家就把书包随便一放，没有很好地收拾，因为保姆会帮他收拾好，所以他习惯把东西随便放，去外地也经常丢东西。

他没有一个很严谨的每天按时整理自己内务的习惯，在卫生方面大大咧咧的，我曾经多次暗示他，也建议他去看《王安石传》。王安石是一个不修边幅的人，年轻的时候整天蓬头垢面，衣冠不整，当然他很有才华，我想让儿子读完《王安石传》后可以发现并纠正一些自己不良的生活习惯。

儿子现在已经读中学了，在生活习惯，特别是卫生习惯、个人内务等方面一直做得不好。我觉得这跟我多年来一直让保姆照顾孩子的生活是有很大关系的。儿子总体上很优秀，但是这方面应该算是我的一个失误。

除了他的生活习惯，在培养能力上，我也有一件做得欠妥的事。

大概在他二年级的那一年，我让他利用暑假的时间去背《笠翁对韵》，但是我忽视了一个很重要的东西，《笠翁对韵》的内容是没有关联性的，纯粹是为了韵把一些字组合在一起，不构成故事，更不构成情节，所以很难背，而且有大量的生僻字，有些连我都不认识，还要帮他查词典，实在很吃力，最后儿子背了一半左右，没有全部背下来。

家长要想锻炼孩子的记忆力，可以让他读一些易于理解的文章或著作。如果上来就选择那些晦涩难懂的作品，对孩子阅读的热情也是个不小的打击，我在之后为孩子选择读物上吸取了这次的教训。

（4）对老小的忽视。

小女儿跟他哥哥相差2岁，所以我经常带他们一起出去玩，这两个孩子几乎天天在一起。由于哥哥比较优秀，具备一些专长，也很善于表达，所以在外人面前，或者在我的朋友圈里，哥哥显得神采飞扬，很多时候还露两手，展示一下自己的特长。妹妹相对来说就比较专，对三国有很浓厚的兴趣，深入到可以做分类的表述或介绍，比如专门讨论三国当中的战马、兵器。

这对于10岁的小女孩来说是非常难得的，但是她的知识面肯定没有哥哥那么广，所以家里有客人来的时候，哥哥在展示"才艺"，妹妹在旁边就会有点被冷落。我在这个问题上没有注意过妹妹的感受，因此会给她造成一定的压力。

我为了消除妹妹由对比产生的压力，会经常跟她一起讨论，跟哥哥相比她哪些方面是具备优势的，让她在分析的过程中提高自信心。妹妹能清晰地意识到自己情商比较高，善于照顾他人的感受，比较细腻,这些方面都比哥哥强。

妹妹的钢琴弹得很好,现在在考6级,进入了乐理的学习,在音乐方面肯定比哥哥强。妹妹通过养宠物,对大爱有了更深刻的思考,这方面的思想洞察比哥哥更突出。

我通过陪着小女儿一起讨论她跟哥哥相比在一些方面表现出的优势,慢慢来缓解和削弱她被忽视带来的影响。我承认应该早一点觉察到这一点,特别是像我家一样的多子女家庭,家长很容易就会忽视某一个孩子由于主观或客观的比较而带来的心理落差。

以上就是我在教育四个孩子的过程中不知不觉造成的一些失误,我现在已经在尽力弥补或修正,希望广大家长引以为戒。

4. 别让负面情绪毁了亲子关系

> "愤怒是一种破坏性的情绪，它不会摧毁别人，只会摧毁自己。"
>
> ——美国思想家爱默生

很多家长在亲子关系问题上经常会无法控制自己的情绪，表面上看好像是在教育孩子，事实上完全是个人情绪的一种发泄。这到底在教育孩子，还是在发泄情绪？比如当孩子出现了一些小问题的时候，家长马上就勃然大怒，有的时候孩子其实并不一定真的有什么错，或者家长根本没搞清楚孩子出了什么问题，当自己情绪不好的时候就拿孩子来撒气，这是非常不好的现象。如果家长在跟孩子的相处中不够冷静，把孩子当作出气筒，当作渲泄自己不良情绪的对象，这样会对孩子造成很不好的影响。

良好家庭关系的四层内涵

在现代社会当中，良好的父子关系或母女关系等，都应该建立在互相尊重、理解和支持的基础上。在我看来，良好的家庭关系应该表达以下四层内涵。

第一层，一定要平等沟通。无论你是什么身份，都要学会倾听对方的观点，尊重对方的意见，避免命令式或强制性的沟通，一定要心平气和、平等相待，在沟通当中尤其需要这样。

第二层，相互支持。比如父亲可以给儿子一些建议和经验，让他去借鉴，当然非原则性的意见也可以不采纳。儿子也可以对父亲提出一些建议，甚至批评，给父亲带来一些帮助。所以，互相帮助其实也会表现在冷静的对话上。

第三层，无论你是对方的什么人，都要尊重他的个人空间。比如父子之间，要保留适当的个人空间，尊重对方的独立性和隐私，当然这是双向而不是单向的。

对现在大多数家庭来讲，尤其是长辈对晚辈要尤其重视这个问题。比如孩子的日记，如果他不让你看就不要看；或者孩子给你看的东西，他让你看哪一部分，你就看哪一部分，不要去翻别的部分，这是一个习惯，也是对孩子的尊重。再比如孩子在青春期有些什么变化，如果他想说就跟他交流，如果他不想说就不要随便问，这些都是非常重要的。他个人的房间，我们进门之前都要敲门，因为孩子是独立的个体，拥有独立的人格，应该保守秘密和尊重个人隐私。

第四层，要有一种共同探索、共同成长的意识。无论是爸爸妈妈，还是爷爷奶奶或外公外婆，不要认为自己是长辈，在很多方面就一定比孩子强。

很多东西其实家长可以和孩子一起学，比如现在很多新媒体的东西，家长可能了解得不多，工具用得也不一定熟练，很多新的App还不知道怎么用，但孩子可能用得非常熟练，因此家长应该有一种共同成长的心态，很多东西可以和孩子一起学。家是一个讲爱的地方，父子之间或母女之间要善于用语言或行动来表达自己的爱意。

比如可以为不苟言笑的父亲设计一些语言行为来表达爱意，表示关心，增进感情，特别是父子之间的感情。我前不久就刻意买了一把像模像样的剃须刀，因为看我儿子个子长得很高了，很快就会超过我的个头，觉得他到年底就应该会长胡子了，想在春节时送一把剃须刀给他作为成人礼的纪念。我这样做只是想增进父子之间的感情，至于好与不好大家可以参考。家长可以多做一些这方面的设计，**保证跟孩子之间有平等沟通、相互支持、尊重个人空间、共同成长、表达爱意等良好的互动习惯。**

家长情绪负面多，孩子脾气多怪异

家长在跟孩子相处的过程当中，如果经常发泄情绪，哪怕是情绪化地教育孩子，对孩子的负影响也是非常大的，或者说对孩子有很大的破坏力。家长的情绪不稳定或经常发泄情绪，孩子就会经常处在一种紧张和焦虑的状态当中，这样他的心理健康会受到严重的破坏，具体为以下四种。

第一，孩子长期在这种环境下会变得自卑，甚至出现脾气暴躁、易怒、情绪不稳定等情况。当然也有可能会导致孩子很孤僻，因为干什么家长都会说他，动不动就指责他，孩子就会很自卑，自闭不作声。比如我的亲戚当中就有一个这样的孩子，小时候他的爷爷总是责怪他，很长一段时间他都非常孤僻，整个中学阶段几乎没有交往很好的同学，没有一次带同学来家里做客。后来他花了十几年时间才调整过来。可见这种不稳定的情绪对孩子的破坏力确实非常大。

第二，睡眠质量差，影响孩子生长发育。孩子总是处于负面情绪之中，他的专注力就会下降，容易精神恍惚。据心理学家研究，家长发泄情绪，孩子可能会入睡困难，睡眠质量差，当然会影响生长发育，极端的情况会使孩子患高血压、心肌炎。

第三，长期被指责的孩子，饮食习惯会变差，食欲下降，爱挑食、偏食。尤其是在孩子吃饭的时候进行批评，是非常不好的。

国外关于子女教育的书中明确提出，睡前和吃饭的时候是绝对不能批评孩子的，哪怕真有什么事要教育他，这个时候家长也要绝对忍住。

第四，父母当着孩子的面发脾气也会破坏家庭氛围，影响家庭关系，孩子经常会感觉到恐惧，缺乏安全感，甚至有逃避的想法。比如放学不愿意回家，到别的地方玩一会儿，或者到同学家里待一会儿，去同学家里吃饭或直接去住。孩子不太愿意跟父母亲近，因为他觉得很不舒服。有的孩子甚至对家长产生了怨恨，孩子报复家长的极端案例不是没有，所以家长应该尽早地重视这个问题。

如何看待父母对孩子的责骂甚至惩罚？首先声明我的立场，我认为父母从人性和人权的角度都没有权利责骂孩子，更没有权利惩罚孩子，任何一个孩子都不是父母的私有财产，他是个独立的人。在这个问题上我有以下六点看法。

第一，父母一定要认可、赞赏和正面鼓励孩子。

第二，如果孩子有过错，家长可以批评，但更应该指正。批评指正和惩罚、责骂是完全不同的：批评是指孩子不知道事情做错了，家长给他指出来；而教给他怎么做，这是指正。但责骂只是对他进行打击，是伤害他自尊的惩罚。所以孩子有错可以批评，可以指正，但不要去责骂和惩罚。

第三，父母可以坚持自己认定的做人做事标准。对于孩子有些原则性的错误，家长是不能去原谅和迁就的，要去纠正他如何做人做事，要达到什么标准。

第四，父母不要在大庭广众之下羞辱孩子，特别是不要在孩子很熟悉的人面前去教育他。

第五，绝对不要放大别人家孩子的优点来打击自己的孩子。

第六，父母同样需要认错，因为在不断扩大的知识世界，所有人都是学生，包括家长。

家长情绪控制好，孩子性格阳光多

家长如何控制自己的情绪？我想讲几个心理学老师教给我的办法。家长控制情绪是一个成熟者必须要具备的能力，控制不了情绪是一种能力不足的表现。

第一，当家长情绪堆叠的时候，好好做一个深呼吸，让自己心理上先放松，这个其实是有用的。日常多做一些深呼吸、放松的训练让自己松弛下来，如果喜欢瑜伽就更好一些，它能够帮助人管理情绪。还有一种做法是冥想，有点参禅的味道，都可以试一试。

第二，家长可以找一个安全的环境，找一个值得信任的人诉说自己为什么焦躁，这非常有利于调整情绪。

第三，当家长压力非常大的时候，可以换个角度去思考，或者是问自己5个"怎么样"。

举个例子，比如孩子高考没考好，家长的情绪可能会不佳，可以问自己如下五个问题：第一问，孩子没考好，是不是一生就彻底完了？显然是不可能的。因为孩子的未来还很长，还有很多的机会，不要一下子就认定孩子是不行的。第二问，今年没考好，是不是可以重考，或者让他去读一个不怎么中意的学校？第三问，如果不让他去读这个学校，复读一年，有可能考得更好一些，在这个问题上能不能支持他？第四问，孩子读书实在不行，考大学的结果可能也不会好，那么又怎么样呢？第五问，孩子不读大学，能不能有效地过完自己的一生呢？

这"五问"在心理学上叫作认知重构，站在另外的角度重新思考，就会把事情想通，没有困惑、迷茫和焦躁了。所以，家长其实是可以控制情绪的。

有的时候确实很难控制情绪，我给家长一个更具体的建议：学会积攒问题，然后合并同类项再解决。比如孩子写作业太慢，家长不要看他一次太慢就批评他，要不断地去观察，如果一个月下来他确实做所有的事情都慢，穿衣服也慢，起床也慢，刷牙也慢，吃饭也慢，上学走路也慢。那么家长就把这些事情合并起来，一起跟他聊，提醒孩子做事要不要快一点。不要每一次都去指责孩子，这个不仅没有意义，而且对孩子来说会受到更多的伤害，说不定孩子以后会越来越慢。很多现象都可以用这种方法解决。

以上所说的办法其实都有一定的心理学逻辑，家长要试着从这个方向理解并掌握。家长跟子女打交道，特别是成熟的家长，如果任性地去发泄情绪，就会严重影响亲子关系，所以做任何事之前都要深思熟虑。

5. 如何让孩子向家长敞开心扉

> "倾听是爱的最高形式。"
> ——美国心理学家卡尔·罗杰斯

家长，特别是一些年龄较大的家长，在和孩子沟通的时候会有不太密切的情况发生，他们逐渐发现孩子不再和自己分享秘密、倾诉困扰了，其中一个很重要的原因就是孩子在长大，而家长相对变得落后。落后既包括很多观念跟不上孩子或时代的步伐，又有知识量、思维力的匮乏，在双重因素的影响下，家长对很多问题的看法都会和孩子有所偏差，这样久了，孩子就不太愿意跟家长推心置腹地交流，当然更不会透露什么私人的小秘密，因为家长很难理解其中的用意。

身心健康的孩子学习自然不会差

我个人比较喜欢曾国藩，曾花很多时间读《曾国藩家书》，其中《与弟书》和《教子书》占了很大篇幅，足以见得他的侧重点是孩子和弟弟。

曾国藩有好几个弟弟，都很有出息，除了大弟弟曾国潢留在家里照料家事，其他弟弟都跟随曾国藩带兵打仗，都很厉害。曾国藩给弟弟的书信不同于给孩子的，我发现他给孩子的书信中语气往往非常严肃，说话也非常直接，并不委婉，表现出他严格的教育风格，同时对孩子提出了非常高的期望。

但是曾国藩给弟弟的书信，"画风"就完全不同了。尽管有的弟弟年纪不算大，在他看来也相当于自己的孩子，但是他给弟弟的书信中语气非常轻松自然，内容也亲切随意。虽然他同样谈读书，谈做人，谈一些带兵打仗的经验，包括对政治时事的看法等很严肃的内容，但是口气和给孩子的书信完全不一样，就算是对弟弟提出期望，大多数也是以一种表示关心的态度来给建议，完全体现了一种平等交流和自由探讨的风格。

我阅读过洛克菲勒给儿子的书信，他在信中对孩子会有期望，但是更多的是鼓励，更注重孩子的自由发展和个人成长。我非常赞同他的这种观念。鼓励孩子独立思考、自主决策，充分尊重孩子的个性和兴趣，不武断地去干预，这些都是拉近家长与孩子之间亲密沟通的有效方法。

中国的家长，尤其是像我这一代，对于孩子的教育，更多地会关注学业，关注未来的就业以及生活状态。当然，父母关注孩子这些东西并不是错误，但只关注学业就是问题了。孩子的学业可以管，但是更要管的是他的身心健康。如果身心健康得到了保障，学业顺理成章也不怎么需要去管。

孩子都是很聪明的，至少我见到的孩子都很厉害，我孩子的同学就各有所长，比如有个孩子的外号叫"小法布尔"，从小就是动植物爱好者，10岁就认识很多昆虫和植物，至少我儿子在跟他交往的过程中看到的东西，他几乎没有一样不认识，也让我大开眼界。还有一个高尔夫天才少年，拿到世界少儿高尔夫比赛冠军，奖金不菲。我儿子非常感慨地说：我不知道是他爸爸妈妈养活了他，还是他养活了爸爸妈妈。又比如有个同学历史知识特别渊博，随便问他中国历史上的任一时间段，他都可以详细地讲述这个阶段出现的杰出人物，以及这些人物的成就，简直是如数家珍。

家长其实用不着去管孩子的学习，而更要关注他的健康成长，包括身体和心理两方面，而不要只盯着眼前的学习成绩，甚至事无巨细地关注作业完成和修改的情况。

我认为孩子做错了作业，作为家长都不用去管，以下是我的几点感悟。

第一，如果孩子的作业做错了，回到学校会被老师指出，这个过程对他是一个很重要的触动。如果被家长指出，或者家长帮忙检查，那么他就会产生依赖家长的心理。另外，家长指出错误会让孩子在学校失去了面对错误和失败的机会，隔断了他正视自己错误的过程，对他的良性发展是非常不利的。

第二，如果作业出错了，在学校被改正，会留下记录，能够让孩子认真地去思考。这里我说一个有意思的事，有些国家不太支持小学生修改作业的时候使用橡皮擦。一般来说，用橡皮擦修改作业或试卷大多是为了保持卷面的整洁，但一些教育专家分析，这样做会让孩子在心理上形成一种掩盖错误的意识。如果不使用橡皮擦，而是直接用笔把它划掉或圈出来，在旁边修改，那么就能让错误凸显出来。以后每一次翻到这个地方的时候，对孩子都是一次触动——自己曾经在这里错过，对于重复记忆、加深印象都是非常好的方法，避免发生同样或类似的错误。

心智成熟的孩子没什么明显的叛逆期

不少家长跟我反映，说孩子刚上初中就很快进入了叛逆期，搞得自己措手不及。往往孩子在小学的时候成绩不错，而且很阳光，能说爱笑，但是到了初一突然就叛逆了，我认为主要体现在三个方面：第一是孩子沉迷手机，很多家长都答应孩子上了初中就买手机；

第二是孩子跟父母的交流突然减少了，而且特别容易发脾气；第三是孩子学习成绩下降。这三点都是非常深刻的问题。

我不认为孩子的叛逆期是突然到来的，事实上过去一定有很多问题是家长没有注意到的，可能家长在孩子小学阶段对于他的成绩总体是满意的，因此对很多问题没有过多关注，没有意识到。我建议家长重新整理一下思路，思考自己是不是存在以下现象，才导致孩子"突如其来"的叛逆期。

第一，工作太忙，没有时间陪伴孩子。

第二，回家喜欢拿着手机不断刷屏，甚至在孩子学习时依然这样；或者在客厅看电视，孩子在自己的房间做作业。

第三，更关注孩子的成绩，很少关注其他方面。

第四，不是真正意义上地指导孩子，而是打压，一看到不对就强行制止，而不去分析为什么这样。

企业管理当中有一句话叫作"发现问题是解决问题的一半"，如果把问题梳理出来，那么很快就能找到解决的办法。同样，家长应该花更多的时间陪伴孩子，在家里不能一直自顾自玩手机、看电视，尤其是父母两个人都在这样做，这会给孩子树立很不好的榜样。

家长应该更多地关注孩子的身心健康，比如他在哪个阶段有什么行为，有什么细微的变化，对什么专注，有什么爱好，家长一定要长期细心地观察，然后多跟孩子交流，分析他在不同的阶段有哪些新的想法，认可想法当中正确的地方，指出并建议修正想法当中有偏斜的地方，这样孩子容易进入真正意义上的心理成熟期。

年龄的增长不是叛逆期到来的必然，而是心理成熟的必然，因此家长不能把孩子的叛逆期看得过于强烈，因为很多孩子只要心智成熟，在"叛逆期"不一定会叛逆，可能比过去做得更好，而不至于陡然出现家长措手不及的情况。

有一个词叫"中二"，我也是从读初一的儿子那里了解到的。"中二"是"初中二年级"的缩写，由日本艺人伊集院光在一个广播节目中首次提出，用来形容青春期少年特有的自以为是的思想、行动和价值观。"中二病"并非一种真正的疾病，而是对青少年叛逆期的一些行为的描述，这些行为包括过于自恋、以自我为中心的表现，甚至在公共场合大声喊叫和嬉笑，有时还表现为对宇宙和生物的可能片面但过于深入的思考。

内心深处的尊重造就独立个性的孩子

现代社会对于家长培养子女其实提出了几点硬性要求。

第一点，一定要把孩子看成一个独立的个体，必须保留其自主性，让他有独立思考的习惯，有为自己做决策的能力，这样以后孩子深入社会才可能有担当。家长不要什么事情都越俎代庖，代子女做决策的结果就是后者会产生很强的依赖性，之后一旦走向社会，家长爱莫能助了，孩子反过来就很可能不愿意跟家长交流了。

如果家长长期让孩子独立思考并自主决策，那么他提升了能力后，就会理解家长对自己的支持不是停留在表象，而是体现在深层次，碰到问题就会愿意跟家长交流，因为他知道家长不会越过他，不会强迫他。

家长往往要鼓励孩子善于或勇敢地陈述自己的观点，表达意见，意见不一定要和父母的一样，有表达，有讨论，以后的沟通才会顺畅。而这样做也是培养孩子责任感的一个过程，他以后就会有担当。

第二点，现代社会非常注重青少年的隐私保护，包括私人的生活和个人的空间，家长不要随意干涉，更不要以偷窥的心态去挖掘孩子隐私，这些都是没有必要且不正确的。

家长要想让孩子主动把想法讲出来，自己先要主动迈出第一步，当然孩子也有选择说或不说的权利，如果孩子完全不愿意跟家长交流，那就说明后者在过去对他的干预太多了，让他产生了不信任。要想扭转这种不信任的关系，家长必须想办法获得孩子的尊重，一个有效的方法就是切实保护他的隐私。

第三点，家长要注意适当地给孩子以必要的心理健康指导，他在成长发展的每一个阶段都容易出现这样或那样的心理问题，比如与小伙伴之间的小摩擦、青春期对异性的态度、考试成绩不理想导致的心理落差等。家长要主动跟孩子交流，哪怕孩子没有出现问题，只要他能主动地把心理状态表达出来，家长就可以一起参与商量。比如家长主动把自己控制情绪的经验和有效方法通过交流分享给孩子，孩子就会受到启发，对家长产生信任，以后有困难或想不通的时候就会主动向家长咨询，这样才是一个比较积极的亲子关系。

我觉得家长在和孩子主动对话的过程中一定要坚持三个原则：坦诚、直率、真实。坦诚就是不要带着家长的威严，直率就是不要拐弯抹角，真实就是不要回避问题，包括自己的问题。只有坚持这三个原则，家长才会获得孩子发自内心深处的尊重，而不只是因血缘关系带来的尊重，那是完全不一样的。

把孩子当同辈人一样地交流

我还有一点思考，不知道会不会被广大家长接纳。中国有一个传统的说法叫"长兄为父"，指的是哥哥的年龄比较大，弟弟就会把哥哥当作父亲一样看待，很多地方都向哥哥学习，向哥哥看齐。

我根据这句话，从另外一个角度来思考：父子之间能不能效仿这种兄弟的相处模式？即父亲把儿子当作弟弟来看，更容易实现平等、亲切、真实、坦诚，是不是可以这么考虑？我并不是提倡父子之间像兄弟那样随意，还是需要有一定边界感和辈分的区分，但是在单纯的沟通层面，我认为完全可以这样尝试。

以我家为例，目前成员包括我和我爱人，以及一对子女。统一的称呼是爸爸、妈妈、哥哥、妹妹，我叫小女儿"妹妹"，当然并不是说我真把她看成妹妹，而是这样称呼很亲切，妈妈叫儿子"哥哥"，我觉得这可能是建立融洽的家庭关系的一个有效方式。有一位大学者，家庭成员之间也一直是"爸妈哥弟"的称呼。有一个故事让我印象深刻：一次，年过八十的老两口坐出租车出去，老先生坐副驾驶位，下车前扭头对后排的妻子说"妈，付账"。出租车司机惊愕不已。

我记得马克思的长女珍妮习惯叫他"大胡子"，这种很随意的称呼反倒让家庭关系更加融洽，随意和亲切可以让成员之间的对话变得坦诚和流畅，不太可能出现孩子不愿意跟家长沟通的情况，特别是倾诉衷肠和交流隐私。

孩子如果逐渐减少了和家长沟通的时间，一方面说明孩子确实长大了，有自己的主见；另一方面也说明家长慢慢变得跟他们不同频，知识结构、思维模式、观念，包括做出的很多决策，可能都是不吻合的。家长应该注意这一点，尤其是上了一点年纪的家长更要重视，因为孩子已经长大了，对家长的话有了很好的判断能力，所以家长应该亲切、坦率、真诚地跟孩子对话，孩子才能同样真诚地把心里话直率地说出来，这样家庭关系才会变得越来越融洽。

6. 教育错位现象：妈妈卡位、爸爸缺位、老人越位

> "一个高度参与孩子成长的父亲，不仅可以影响和充盈孩子的一生；父亲本人，也会在获得父性的过程中被深刻影响。"
>
> ——美国心理学博士迈克尔·J.戴蒙德

中国式家庭关系有种怪现象——妈妈卡位、爸爸缺位、老人越位。网上有一个桥段说：家里的孩子任何事情都是找妈妈，每天不停地召唤妈妈，只有一种情况找爸爸，那就是问"爸爸，妈妈在哪里"。这说明了当代子女教育中出现的一个特殊现象：爸爸的缺位。妈妈卡位、老人越位究其根本原因也是家庭教育中爸爸的缺位。

妈妈为什么容易卡位

"卡位"一词源于体育和RPG游戏术语。篮球比赛中，"卡位"是一种战术动作，指进攻或防守的运动员用脚步或身体动作抢占有利位置，阻挡或控制对手。"妈妈卡位"就是妈妈对孩子所有的事情都事无巨细地参与，往往不让别人插手，或者说只要别人一插手，她就认为这是不对的。当然妈妈的责任感确实很强，我也非常理解，因为孩子毕竟是她十月怀胎生出来的，所以妈妈对孩子的爱，我相信在多数情况下是超越其他人的。

前不久我为这个事情专门采访过一个在基层银行当行长的年轻妈妈，她跟我讲了以下这段话，我觉得她讲得很好：爸爸缺位会让承

担过多责任的妈妈越来越焦虑，而越位的老人会加剧爸爸的不作为和妈妈的焦虑。妈妈越焦虑就越想控制身边的人，就是我说的卡位，最后为妈妈焦虑买单的却是孩子。爸爸对孩子的陪伴缺失会严重影响孩子与外面世界的联系。

爸爸的作用更多地体现在促进孩子社会能力的发展上。如果爸爸缺席，孩子的成长更多地被局限在家庭的规则之中，就会严重欠缺应对外面世界的能力，孩子往往会表现得胆小、依赖妈妈、不够独立，这就是很多年轻的宝妈们为什么对孩子"特别负责任"的一个原因，这有可能是爸爸的缺位造成的。

老人的越位也可能使妈妈更加焦躁，因此不得不严重地卡位，这种焦躁会对孩子造成很大的破坏力。这位年轻的妈妈还跟我说，有些焦虑的妈妈往往会把焦虑转移到孩子的身上，变成了对孩子行为的管束和精神上施加的压力。她进一步跟我说，孩子经常是压抑的、妥协的，有时候会因为取悦焦虑的妈妈而妥协。

孩子经常会问"妈妈你生气了吗""妈妈我这样说是不是不对"。孩子过于小心翼翼，其实是因为他已经明确接收了妈妈的焦虑，或者说妈妈的焦虑已经严重地传染给了孩子。当孩子不想取悦妈妈的时候，就会变得歇斯底里；孩子一旦发作，焦虑的妈妈也控制不住了。

虽然孩子更多的情况是想取悦妈妈，但是总有承受不了的时候，因为孩子的心理毕竟是稚嫩的。焦虑的妈妈努力地去关注、教育、训练孩子，结果孩子要么变成了过度依赖妈妈的"妈宝"，要么变成了反抗妈妈的叛逆少年。

越位的隔代教育

老人的越位也很普遍，为什么会产生这种现象？因为很多年轻的父母都是计划生育的一代，他们的父母退休较早，没有什么事情做，自己收入还不错，又有大把的时间，所以想把当初在独生子女身上没有实现的梦想在第三代子孙身上实现。老人特别关注第三代，有太多的事愿意去帮助，去献出自己所谓无私的爱，这样很容易造成越位。

当越位形成，外公外婆或爷爷奶奶就会主动承担带孩子的任务，这就是所谓的隔代教育。我是拒绝隔代教育的，爷爷奶奶或外公外婆教育孩子，其实有利有弊。比如现代人比较讲究自我，讲究追求幸福，但是老一辈的人就不完全这么想，所以我一直在呼吁年轻的父母自己承担起育儿的重任。

以我的家庭为例，子女教育最重要的是先教育孩子的姥姥。比如家里的孩子摔倒了是轻易不扶的，我提前跟老人打招呼，要她跟我一样不要去扶，让孩子自己站起来，除非我们明确知道孩子受伤了。我们要经常做她的工作，让她知道家庭生活是很难完全制度化的，只能靠长期的软磨合才会慢慢变得比较顺利。

孩子的姥姥对孩子比较宠溺。孩子想吃糖饼，她就马上给孩子烙糖饼吃。糖饼虽然好吃，但是不宜多吃，为了减少做糖饼的次数，我们就在她准备做糖饼之前买很多菜回来，菜很多怕吃不掉，她舍不得浪费，所以糖饼就拖着一直来不及做，后来基本上一个月才做一次。我也告诉她，孩子不宜吃糖分很高的东西，然后慢慢通过行为改掉姥姥的一些习惯。对于老人不能直接冲撞，不要简单地说她不对，而是要讲让她放心的事情，做给她看，这样慢慢就会调整过来。

有些老人可能比较难调整，很难说清楚到底应该怎么做，其实概括起来无非四个方面：第一，老人错了不要说；第二，对老人只讲对的内容，讲"可以这样""这样更好"，而不是"这样不对""你错了""怎么能这样"等；第三，通过其他方式把老人适当隔开；第四，很多事情做给老人看，表示你的做法更具有科学性，让老人能够从你这里领悟到一些什么。这四个做法是我总结出来的，相信能给年轻家长一些借鉴。

虽然我不赞同孩子隔代教育，但是很多年轻父母认为这是客观事实。他们工作比较忙，没有精力承担孩子的教育义务，由爷爷奶奶或外公外婆带也是生活所迫。

现代社会"忙的问题"其实是一个很重要的话题，要明白忙只是一种现象，忙的目的是什么？当然是让自己生活得更好。

一般人们认为生活得更好是指衣食无忧，但是应该再增加两个内容：第一是精神丰满，第二对子女负责。如果说人们对生活的追求有三个最基本的条件——衣食无忧、精神丰满、优良传承，那么对于子女教育由自己来承担责任就成了必然的选择。因为绝大多数家庭都做到了衣食无忧，但是仍然在忙着，如果说这种忙以放弃子女的教育为代价，那么就非常的不值得。

我一直认为我算是很忙的人，因为职业关系要全国到处跑，我的职业是"企业医生"，但是我仍然记得自己是家长、是父亲，因此无论再忙，我也要一个月里抽一周时间在家陪孩子。寒暑假，我也尽可能多地陪孩子。我记得爱因斯坦讲过一句话："人类社会足以满足几十亿人的生存，但是无法满足少数人无穷的欲望。"所以忙不是隔代教育的理由，不能成为破坏亲子关系的借口。

爸爸角色的缺位

我一直在琢磨爸爸的角色缺位到底是什么原因引起的，因为我也是爸爸，我总是思考自己跟孩子的相处也有缺位的原因。我分析爸爸角色的缺位，更多的是由以下三个原因造成的。

第一个原因就是一些男人会表现出没有耐心。我经常看到一些爸爸动不动就跟孩子说"找妈妈去"，所以很多孩子上了初中后不跟爸爸对话，有什么事情都是找妈妈。这个对于爸爸来说是值得反思的，是应该检讨的。

第二个原因就是一些男人从自己做丈夫开始，就立下了一个男主外、女主内的思想意识，在这种思想意识影响下，爸爸角色中的很多事情没有做到或做不到就变得理所应当。

我曾经接触过一个在公安系统工作的青年才俊，他在工作上非常有成就，但是他无意中跟我讲"孩子的教育没问题，他爱人是小学老师，从小孩子就交给他爱人教育"。从谈话中我能看出他认为孩子的教育就是妈妈的事情，虽然孩子的妈妈是一位老师，更懂教育，但完全丢给妈妈是非常错误的，教育是不允许爸爸角色缺失的，家庭教育不能没有男人。

第三个原因就是一些男人认为自己的重点是奔事业，或者至少是要去挣钱。当然男人确实事业心应该更强一些，但是去挣钱、奔事业，对于家庭、对于孩子也不能完全缺位，或者说即使把更多的家庭事务或孩子的教育留给了孩子妈妈，也绝不能完全不介入。

一些男人作为爸爸确实需要反思，需要自我批评，需要检讨，需要重新整理自己的思想，思考如何重新回到父亲的角色上，如何在家庭教育当中起到一个关键的作用。

我记得老家湖口曾经有一个说法："夫妻不搭笑，父子不谈评"，翻译成普通话大意是夫妻之间不开玩笑，父子之间不拉家常。我对此种说法是持批判态度的。我认为父子之间不应该是上下级的关系，并不是命令与服从的关系，并不是父亲说的话孩子必须得听。父亲要把孩子看成一个独立的人，保护孩子独立的人格。父子之间不仅是血缘上的关系，同时也是人生导师和未来成长中的学生，更是朋友。

作为爸爸，一定要回归到和子女之间保持良好朋友关系的状态。现在很多年轻的妈妈已经跟子女建立起很好的朋友关系，但是很多爸爸和儿子还没有实现，他们在孩子面前表现得过于严肃，或者说一不二，或者开口就是指挥、命令，这样做是很危险的。

父子关系最终要形成价值观的沟通，用价值观来丰富父子之间的血缘关系。我有一个自己的做法，就是从儿子两三岁开始，我一回家一定坚持跟儿子一起洗澡。这对父子之间的沟通是有帮助的：第一，双方特别亲密，有一次，儿子很认真地跟我"约法三章"，要求我和他之间交流的内容不要跟妈妈转述；第二，没有过于严肃的状态，两人无话不谈，共处一室，亲切交流，整个过程下来我是有切身感受的，感觉非常幸福，也增加了我们父子之间沟通的信心。

随着子女渐渐长大，如果之前没有建立良好的沟通，那么最重要的补救方法就是重启亲密沟通。如果双方已经无法有效沟通，那么就把重启亲密沟通当作这一年的中心任务，补上这人生的重要一课。作为家长一定要真正俯下身子去诚心诚意地与孩子沟通，做好父亲的角色，重新修复父子关系。

无论有什么理由，爸爸角色的缺位都会影响亲子关系。因此我建议所有爸爸们做到以下几条。

第一，每周必须跟孩子共进晚餐，至少一次。

第二，每个学期参加一次孩子的家长会，或者拜访一次孩子的班主任，包括主课老师。

第三，每个季度必须参与孩子的户外活动，而且不能少于半天。

第四，时常询问孩子在校的同学关系，如果存在较大的冲突，应该参与进来，尤其是爸爸。

第五，指导孩子正确对待劳动和金钱。

第六，做到跟孩子有长期深度的对话。

修复亲子关系，让爸爸的角色缺位回归正常，需要家长脚踏实地地一步步去实现，千万不要认为通过某种捷径就可以达到目标，这是不现实的。只有真心做出改变，才会开出胜利之花。

7. 不要让感恩和报答变成契约

> "那些博得了自己子女的热爱和尊敬的父亲和母亲是非常幸福的。"
>
> ——欧洲第一位女皇伊琳娜

汶川地震后的第二年,我到汶川做了一些震后救援工作,主要是给一些受了严重创伤的孩子做心理辅导。有一次我到了汶川一中,参观重建的漂亮校舍,无意间在学校的校训里看见了"感恩"两个字。我认为感恩可以,但是这些孩子心理和身体上都遭受了重创,再让他们心理上背负报恩之心,这样会让他们的未来背上沉重的包袱。

也许有人质疑我的说法,我认为孩子未来愿意去感恩当然是好的,但是明确提出来就会给孩子带来很大的心理压力,这对孩子健康成长是不利的。孩子未来取得的任何成就,都像是被施舍一样,如果孩子有了这种心理,那么一定会产生不好的影响。

就像我一直为学生做心理辅导一样,从不要求这些孩子对我表示感谢,这完全是我自愿的。我在帮他们的同时,内心已经得到了满足。由此及彼地去想,那些接受支援的学生更不需要始终背着感恩的包袱。不要让感恩和报答变成一种契约,这就是我的观点。

辩证看待孝文化

感恩和报答在中国的孝文化里强调子女对父母的尊敬关爱,包括赡养的义务,这是基本内涵,所以孝文化才一直被有效地继承了下来。孝文化也包含精神层面对长辈的陪伴和沟通，这在父子关系或家庭亲子关系当中起到了很重要的作用，但是长辈对晚辈过于强调孝道，会给晚辈带来很多负担，或者带来很多的精神压力。

比如孩子从小就被孝文化束缚，不敢跟大人顶嘴，不敢公开地表达自己的观点，更不敢主动表达自己的反对意见，这样的家庭关系当中，两代人的关系不平等，无法敞开心扉地去交流，对于未来家庭关系的和谐形成了一个巨大的障碍。孩子在未来生活当中的很多决策会受到家长的干预，比如上大学的专业选择，毕业之后的工作选择，甚至未来生活在哪个城市，还包括恋爱时机、配偶的选择，以及是否结婚、婚期的确定等都会受到干预，接受家长在孝文化背景下给予的强制性意见，这就是孝文化带来的副作用。

我是比较注重孝道的，但是我并不支持孝文化在方方面面对孩子有深度的影响。当孝道变成了一种强制力，或者变成了一种必须坚持的承诺或责任的时候，它就变味了，这就是我想要表达的主要观点。

有很多经典文化一直在传播孝文化，比如《孝经》和《二十四孝》。《孝经》把孝变成了一种很重要的范式，作为一个德的标准提出来，这样就具有非常明显的强制性。

《二十四孝》讲了24个关于孝的故事，其中有一部分故事表现出了孝对子女的强烈压迫感，要求子女在父母面前无条件地服从，甚至有的时候还要做出巨大的牺牲，比如"王祥卧冰""郭巨埋儿"等故事现在看来有待商榷。我认为父母不应该完全忽视子女的独立性，更不能忽视子女个体生命的价值。

人们确实需要把孝道传递下去，也需要教育子女有一定的孝心，应该有这种代际传承的概念，但是把孝道放得太大了，就不是真正要传递的孝文化了。

重新定义孝道文化

从孝的角度讨论亲子关系，人们应该怎样去看待孝文化？在这里我想说四点。

第一，我们这一代人依照人类文明的进步，应该重新认识我们的子女，他们是独立的生命，有独立的人格，关于在孝的问题上他们打算怎么做，应该尽可能地让他们自己做主。我并不反对孝文化，自己也在努力践行孝道，但是我并不要求我的子女完全按照中国的孝文化去做。

第二，中国古代"养儿待老，积谷防饥"的观念已经不适应现代社会，现代养老已经完全社会化了。现在的养老金制度就是对养老机制的调整。

第三，即便子女仍需要尽孝，但作为长辈的我们不要把尽孝变成一种契约。如果我们把生孩子看作一个合同，那么人生就只有生意了：小的时候我养你，老了之后你养我。小时候我把你养大是一种义务，但是未来长大你给我养老不要变成不得不服从的一个契约条件。

第四，现在社会的养老机制已经发生了变化，那么我们就必须重新建立起一个新的概念：子女对我们怎么样，那是子女自主决策履行义务的概念，他们愿意承担多少的义务，这是他们自己的决策。那么我们的养老应该怎样实现，这是社会的责任，社会责任与子女义务是两个不同的概念。

以我个人为例，父母是农民，他们一直没有退休金，但父母在 60 岁之前由我来照料。他们有一段时间一直跟着我在外面生活，年纪大了之后他们要回农村，由于工作原因我不能随他们回老家生活，后来家里商量让我弟弟回到江西老家陪伴老人生活。

我并不希望我的孩子未来承担这么多的责任和义务。因为工作了40年，有退休金，社会已经承担起了这种养老责任。

回到孝文化的问题上，道德、法律、义务、责任其实是需要重新梳理的。我想送给年轻人三句话：第一，中国的孝文化源远流长，但是不要被那些过头的教材所影响；第二，应该尽自己的所能照料好父母，但是这其实并不全是你的义务；第三，应该把孝文化延长到精神层面，而不只是给父母提供必要的生活来源。我花了很多的精力研究了孝和顺的关系，人们确实需要在更多的层面让老人获得幸福，而不仅仅是在物质上给他们一些支持。

我讲一个关于孝顺的新做法，这也是我最近学到的，以前我也没意识到这一点：我有一个学生到他的教授家里去吃饭，一大帮同学吃完饭后都抢着收拾桌椅、打扫卫生，结果教授制止了他们。教授跟他们说：你们等一下，让我妈来洗碗。当时这些学生听后很是惊讶：教授母亲已经七八十岁了，教授怎么这样，我们这些年轻人在这吃饭还要她来收拾？老太太一开始坐在旁边显得非常没有精神，但是一叫她洗碗，马上健步走了过来，很快就把碗筷洗完，很高兴地走了。学生们觉得奇怪：教授怎样好意思让老母亲来帮我们这些年轻人洗碗？

教授讲了一段话让学生们很受启发：你们不知道我妈妈坐在旁边看着我们在这里高谈阔论，虽然内心高兴，但是很被动，因为她没有办法参与。如果叫她来洗碗，她会很高兴，因为这让她觉得她是有作用的，她的内心就很高兴。

我每一次回老家，妈妈总想帮我干点什么，其实很多事我并不需要她的帮忙，但是她不帮我干点什么，会感觉自己没有存在感，失去了价值。所以我提出一个观点：回家之后你的长辈或你的父母，如果他们能够帮你做点事,或者你主动请他们来帮你做点事,比如加块木炭或倒杯水,这其实是对他们的尊重。你让他们找到存在感,是非常有意义的事情,孝需要顺,顺就是要帮他们找到存在感。

自古孝文化作为一个核心价值观流传下来,主要的目的是维护家庭的稳定,从而促进社会的和谐。但是现在我们对于孝文化需要重新思考、重新定义,不要把报恩变成一种契约,才能传递真正的孝文化。

8. "自由"与"规则"是"爱"的延伸

> "你知道运用什么方法,一定能使你的孩子成为不幸的人吗?这个方法就是对他百依百顺。"
> ——法国教育家让·雅克·卢梭

法国教育家卢梭说:"教育就是生长,让孩子像孩子一样生活。"正确认识孩子,尊重孩子的天性,理解孩子"新常态"下的"不正常"或"不尽如人意"都是极为重要的提示。

我不是教育专家,但我是教育工作者。我的工作属于大教育的行业范畴,况且至少也是几个孩子的家长。为了尽责我不得不广泛涉猎一些教育普及读物,从《蒙学八部》到《傅雷家书》凡50余种,其中受影响最大的是蔡真妮的《用尊重成就孩子的一生》、高燕定的《人生设计在童年》和黄全愈的《素质教育在美国》。用一句话表达我理解的幼儿和少儿时期孩子的教育,可以概括为三个单词:爱、自由和规则。

把握孩子"自由"的度

爱,似乎很好理解,其实不然。美国前总统肯尼迪意外被刺,失去丈夫的杰奎琳对儿子的教育是"狠狠地爱"。1964年秋,杰奎琳带着小约翰从首都华盛顿搬回纽约居住。儿子11岁时,杰奎琳把他送到英国德雷克岛"勇敢者营地"受训,学习驾驶帆船、独木舟和爬山;13岁时,他被送到缅因州的孤岛上学习独立生活的技能,

20天训练中，不给食物，只给1加仑水、2盒火柴和1本野外求生的书。

"自由"与"规则"可以理解为"爱"的延伸，但也不是那么轻易能理解和接受的。父母只有弄清楚"自由"和"规则"分别是什么，才能知道应该给予孩子哪些自由，必须遵守哪些规则，这还真是一门很深的学问。家长只能在实践中学习，在学习中思考。我觉得教育的最大难点是把握自由与规则的关系，或者说自由的度。

管理学家彼得·德鲁克毕生都在思考这样一个社会管理的基本问题：怎样在创新性与连续性之间保持最佳平衡？我也一直在琢磨少儿教育该如何把握自由与规则之间的最佳平衡？专栏作家汪丁丁为北京大学国家发展研究院所在地朗润园撰写的20周年纪念文章指出："一方面，过于强调制度化，将迅速扼杀朗润园的生命力；另一方面，完全没有制度，朗润园将陷入混乱。"同样，孩子按天性成长，长大后的智慧和能力才可能最大化；但是，孩子天性中与社会不相适应或与现行规则相抵触的部分，如何画出一条缓冲带？这就是我说的如何把握自由与规则之间的平衡。

孩子确实应该有孩子的自由。孩子突然想唱歌，最好让他唱；孩子手头正在做一件很重要的事，忽然提出要去厕所，就得让他去放松；喝汤之前孩子完全可以优先把肉吃完；好客的孩子请了好几位同学来家里玩，家长应该热情接待；好奇的孩子试图把闹钟拆开，家长又怎么能说他的想法不对；妈妈总认为跳舞对女儿的身材和气质有帮助，孩子不愿意学也是她的权力。以上种种，孩子的自由需要家长和老师的认同与切实保证。

我在一次演讲中提及我的观点：钢琴没有逆境求生重要；奥数没有洗衣做饭重要；英语没有传统文化重要；口才没有品尝孤独重

要；聪明没有借助资源重要；挣钱没有理解消费重要。现在想来应该加上一句：不管多少的重要，不管成人是否认可，最重要的还是孩子自己觉得需要。

实际生活中，家长对孩子自由度的把握可没有书面讨论那么轻松。比如孩子想在很多大人谈工作的地方唱歌；孩子总是一遇上困难就说要上厕所；孩子正上火却只喜欢吃肉而不喝汤；孩子带着一群小朋友到家里"闹翻天"；孩子把祖传的闹钟拆了；孩子不愿跳舞，也不愿参加一切文体活动，只好打游戏机。所有这些是不是都需要约束？

孩子的规则意识最终与从小的习惯养成紧密相关，但现实社会也不完全是由家庭和学校带给孩子的习惯，孩子最容易受到只有"自由"而没有"规则"的行为影响。自由是完全开放并且可以短时间内给予的，规则却是长久地、渐进地加上去的。家长既给予充分的自由又制定必要的规则是颇费心思的，给予孩子多大的自由度才是合适的呢？我一直在思考，却没有"正确答案"。

教育家梁漱溟先生曾指出，人的一生最终需要解决三种关系：人与物的关系、人与人的关系、人与内心的关系。正确处理自由和规则的关系是解决人与人的关系。一个把握不好自由度的人很难顾及他人，很难在与人交往中为他人提供更多价值。

"乖""听话"就是好孩子吗

孩子的自由若被规则所限，成为父母眼中的"乖宝宝"或"听话的孩子"，这样的规则真的好吗？当孩子们无拘无束的自由被限制了，奇思妙想的天性被削弱了，被大人并非真正为孩子们考虑的各种设计局限了，被家长出于"为你好"的动机制定的各种学习目标卡住了，那么这样的孩子身心会健康吗？

我之前听到一个四岁的小女孩和她妈妈的对话。"我昨晚做了一个梦，真好玩。""讲来给妈妈听听，都梦到什么了？""妈妈，你讲吧，你也在呀。""傻女儿，那不是梦吗。"这位妈妈都听不懂孩子的梦了，如何与孩子真切地交流呢？

有首小学生写的诗歌，题目是《妈妈，我压力好大》，其中有一段是这样写的："我不希望自己像一只鸟被关在笼子里，大自然有很多东西值得我去探索。"

我有一位同事姓刘，我第一次见他的儿子时，孩子11岁。孩子个头不高但很壮实，架副眼镜却很敏捷。我和他爸谈话，他饶有兴趣地旁听。我们谈到一个同事生孩子，让我给取名。孩子的妈妈姓周，我于是提供了一个名字"不周"。"不周，不周山？"在他专攻商学的爸爸明白过来之前，孩子就很有热情地插话进来分析这个名字的出处。我就把谈话对象从父亲转向儿子："是的，这个名字出自《山海经》中的典故'共工怒触不周山'。"这个才上四年学的小男孩很喜欢历史，读了很多历史书，对三皇五帝、春秋战国、汉唐宋元等的熟悉程度很让我吃惊。

前不久我又和这位同事谈到他的儿子。他说孩子正在读初三，全力准备应对升高中的考试。虽然学校离家不到一公里，但孩子极少回家，和父母见个面都得一个月一次，更不用说在一起谈天说地了。我说，孩子以前下围棋、学跆拳道、学编程，现在还在继续吗？同事答道："哪有时间啊！不过，他自己也习惯了，同学都在拼呢。"我为这个同我讨论《山海经》的孩子可惜，这样埋头苦读，即便考上了当地最好的重点高中，也未必是可喜的。

家长从孩子小的时候就强调他要"乖"，要"听话"。顺从父母、顺从大人几乎成了家长普遍认为不必再讨论的公理。

当然，不能说孩子"乖""听话"就一定不对，顺从未必就不好。作为自然人，成长中的孩子需要家长的指导，这个时候的"乖""听话"是必须的；但作为社会人，孩子有其独立权，强调顺从是不必要的，或者说是不应该的。最怕的是，父母认为自己给了孩子生命就有权代替他做所有的人生决策，认为自己是孩子的监护人就可以无限扩大对他的干预范围。

教育专家孙云晓曾明确提出"家长"和"父母"这两个概念的区分："家长是家庭的统治者，是儿童命运的掌握者；而父母是子女的监护人、亲人、朋友，是最信任的人。将'家长'的称谓改为'父母'可以促进家长制观念的改变，为孩子创造一个平等、温馨的成长环境。父母作为监护人，有责任提醒孩子，但不应武断。"孙老师在此强调的是家长与孩子平等相处的理念。

一些家长希望子女顺着自己的设想获得成功，有出于孩子自身生存的考虑，不少更是出于光宗耀祖的愿望，至少是父母的荣誉需要，很少从孩子自身的快乐出发。他们可能真的分不清自己是在培养孩子的竞争力，还是在满足自己的虚荣心，但一个基本点是一致的，那就是要求孩子"乖""听话"。

"乖""听话"作为一种对孩子的习惯性赞词，家长可以一直用，但作为一种家庭教育的理念，家长就需要重新认识。孩子的一生从一定意义上说是在接触和理解社会的基础上不断做选择的过程，选择是一门很深奥的学问，在"乖""听话"的指导思想下成长的孩子很少有机会去学习选择。孩子长大后，能够走向真正意义上的成功吗？

"自由"与"规则"是爱的延伸，家长教育孩子要在自由与规则之间找到平衡，既不能"太自由"，又不能使孩子完全变成父母眼中的"乖宝宝"。而以我之见唯愿孩子身心健康就行。我孩子在上幼儿园和上小学时，学校经常会给家长发联系册，我每次在联系册上都会写上我的愿望——"身心两健"。只要孩子身体和心理是完全健康的，我的目标就达到了，其他的我一概不提，因为真正身心健康的孩子是不需要跟着社会去流转的。

我为什么不强调考试和学分

在我的家庭教育理念当中，一直是不强调学分的。我大女儿当年读高二的时候，碰到一个机会，当时一个电影摄制组在招群众演员，我女儿被选上了。

是否答应让女儿参与拍电影，对于家庭决策来讲，这是一个艰难的选择。如果让女儿参与拍电影就会耽误将近半个学期的学业，而且当时她上高二，很快就要上高三了，这个耽误不起。由于当时我不是那么重视孩子的考试和学分，于是果断地决定让女儿参与电影拍摄。

我的理由是教育是关乎生命的，从生命体验的角度来说，孩子参加电影拍摄将是一生当中的一次重要的体验，即使因为这个事情耽误了学习，影响了考试，未来任何时候也有的是弥补的机会，但是拍电影的机会不是人人都能碰到的，所以我选择了让女儿参与拍电影。

现在，我更加不在乎孩子的考试和学分了。我在家里从来不问孩子的考试分数，虽然每一次的大考成绩都会在家长群里面被讨论，但是我从来不参与。最后成绩单出来，我只会浏览一下，但是从来不点评，更不会因为分数的变化而与孩子谈话。

我一直认为复习是个很无聊的事情，所以我不提倡孩子考试前做重点复习。孩子是不是一定要这么做，我并不刻意去强调。

有一次我儿子期中考试,他跟我讲这一次考试道法课要好好复习一下。道法就是道德与法律,大概相当于我们那时候的政治课。他主动跟我说这个事情,我觉得很奇怪,就问他为什么要复习,因为他知道我关于考试不复习的这种倡议。

他跟我说,他刚刚上初中,面对的老师,特别是班主任都是新的面孔,这一次的集中考试是班主任和任课老师们了解学生的关键环节。所以这一次的考试他要好好准备一下,拿出比较好的成绩,让班上的老师,特别是班主任能够接纳他,或者关注他其他的课程。他觉得平时不复习没什么关系,但是道法课他一直不太用心,或者不太关注,更没有作为重点课程对待,所以这个时候需要复习。

儿子这样分析,我并没有反对,因为我觉得他考虑的除了学分,还包括为人处世等其他一些方面,复习是更周全的选择。

面对中考,初三学生的后半个学期,几乎都在复习;高三更是如此,高三学生几乎一年都在复习,所以真正面临大考,他一定会复习。因此平时不复习的孩子,真正的大考反而有更好的爆发力,所以我一直认定我的不复习理论是对的。

到现在为止,我身边的两个小孩儿,一个读六年级,一个读初二,他们从来不把作业带回家,学习任务都是在学校完成的。当然,除了周末,因为老师周末会留非常多的作业,只能带回家完成,但是日常他们兄妹两个从来不把作业带回家。

我家还有一个与众不同的地方,就是我不太主张孩子做寒暑假作业。除了我从来不去检查他们的寒暑假作业之外,有的时候我还主动跟他们的班主任交涉,让孩子选择放弃做假期作业。我主动去交涉,有好几次是成功的。可能很多家长觉得不太理解,甚至很多老师也坚决反对,但是我确实非常不喜欢孩子整个假期都被作业占满,这是非常可怕的。

当然，我也不会只是不让孩子做作业，整个假期都荒废掉，那是不可能的。我不让孩子做作业，反倒是给他们选择一些更难的或更有挑战性的，甚至带有工程性的学习任务。

儿子五年级的暑假，我安排他读完林语堂的原著《苏东坡传》之后写一篇论文，系统介绍苏东坡这个人，并且重点放在"苏东坡与酒"这个话题上。那一年的暑假，他看完《苏东坡传》这本书，做了很多的笔记，还去图书馆查资料，写出了一篇6000字左右的所谓论文，如果包括图表中的文字，折算下来也有8000字了。

五年级的学生，用一个暑假的业余时间，能把苏东坡的介绍写清楚，并且还能重点把苏东坡与酒的关系做很清晰的介绍，我觉得他的这个暑假很成功。这一年他就没做暑假作业，他的老师也很开明，依然同意。

我深刻地认为，孩子只要有中人之资，或者叫中等智商，如果幼儿园期间经过了很好的训练，特别是我讲过的从爱好到兴趣，再到专长的长期训练，他的学习过程就会比较有效率，因为他能够专注，能够在课堂上解决问题，他的学习就不可能差。

学生解决好了课堂学习，就解决了考试，就解决了学分，这是一个顺理成章的事情，家长用不着那么心心念念地为此焦虑。反倒是有些家长让孩子提前介入课本的东西，介入下一个学期的知识点，这种做法是非常不理性的，会使孩子后面的课堂学习更加没有效率，不易形成专注。这样做不仅在时间上造成非常大的浪费，对他学习课堂知识也是很不利的，往往适得其反。

解码中国式家庭教育

第二部分 Two

观察兴趣，

发现爱好，

培养专长

1. 培养兴趣爱好就是培养能力

> "儿童的时间应当安排满种种吸引人的活动，做到既能发展他的思维，丰富他的知识和能力，同时又不损害童年时代的兴趣。"
>
> ——苏联教育家苏霍姆林斯基

我曾经的一个同事把自己5岁的孩子独自放在家里，孩子拿把小刀把家里的地板割开了。结果家长回去之后就非常严厉地批评孩子，认为他这样做是瞎胡闹。我认为这个孩子很有可能是认为地板下面有什么秘密，想割开地板搞清楚，比如里面有没有电线，电是怎么来的，或者水管是怎么回事。当然孩子这么做可能会产生一定的危险，而且会给家里带来一些破坏。

把孩子的一些行为看作胡闹，事实上这种非常之举往往是孩子的兴趣所在，很值得去发现和保护。孩子不知道怎么去表达自己的兴趣，所以一个人的时候就有充分的自由努力去发现，尽管会产生一些破坏，可这是非常好的一个过程。

孩子所有的热情从兴趣开始

孩子的学习成长就像一条河，而兴趣是这条河的源头，孩子所有的热情是从兴趣开始的。一般来讲，家长必须努力去发现、保护、开发和支持孩子的兴趣，让兴趣发展到爱好，然后持续投入热情和时间，最后成为他的专长甚至成就。

科学源于好奇，哲学来自惊讶。所有做科学研究的人其实都是因为对某一事物或现象产生好奇心，然后开始研究它，不一定带有太多的功利性和目的性；哲学思考是来自对生命或宇宙的感慨和惊叹。

事实上科学研究启动时或哲学始发于源头的时候，并不带有功利性和目的性，完全来自好奇心，这个好奇心就是兴趣。所以家长一定要充分发现、保护、开发和支持孩子的兴趣。

孩子的兴趣爱好有的时候确实也存在安全隐患，因此家长要考量孩子的兴趣或爱好是否跟他的年龄相适应。比如我儿子四年级时，有一天那个外号叫"法布尔"的同学带着我儿子和另外两个同学比谁更勇敢，每个人吃下两个蜘蛛。很多女生看到非常惊讶，就报告给了老师，老师为这件事情专门找他们四个人开会，结果"法布尔"就说他们吃的是跳蛛，它可以做为药材，有解毒消肿的功效。接着他又介绍跳蛛是蜘蛛目中最大的一个科，全球约有3000种，跳蛛是目前唯一能够在珠穆朗玛峰长期生存的动物。

"法布尔"还跟老师说：我当然理解您对我们的劝说，事实上这个跳蛛是没什么毒性的，蜘蛛吐的丝其实是一种蛋白质。以上这些都是我从儿子那里间接听到的，很多事情确实会存在一定的安全问题，就看孩子在安全方面能不能把握得住，如果把握不住，年龄段还不到，家长就要去帮助他。

前面提到儿子在五年级的时候，我让他写一篇关于苏东坡的论文，他的老师把它打印出来挂在教室的后面给大家做示范，非常有教育意义。

我同事的孩子在小学期间也开始进入研究状态，研究北京的气候特点，包括气候跟作物之间有什么关系，气候跟经济有什么关系？我觉得他都已经可以给他的教授爸爸当助教了，至少做研究型助教已经没问题了，所以我认为真正要培养的是孩子的兴趣爱好，而不是学习和成绩，这是我的理解。

有些事家长要及时制止孩子，而有些事是需要有宽容度的。比如我儿子学滑雪，肯定会摔倒，学滑板可能会撞伤，所以这一点上我们要求他自己去把握。他11岁开始练滑板，我们不反对；如果他六七岁练，我们就会比较紧张。我小时候学武术，师父就跟我讲过"武术是完全的残酷"。家长从保护孩子兴趣爱好的角度出发，一方面需要支持他，另一方面在安全问题上也要充分考虑年龄匹配度。

看似"玩物丧志"的兴趣就一定没价值吗

我儿子的兴趣可谓五花八门，我有印象的如转笔、叠杯、飞牌、花切、蝴蝶刀等，过去他玩过足球、篮球、架子鼓，最近又迷上花式跳绳。他的兴趣非常广泛，而且有些兴趣让人匪夷所思，他喜欢收藏工艺刀，如日本的竹刀、新疆的佩刀，还有一些少数民族特有的防身刀。

对于孩子的兴趣爱好，我持开放的态度，会提醒他注意安全。比如他曾经有一段时间痴迷魔方，把成绩从60秒慢慢提高到了16秒，甚至还有过13秒的纪录，这样的锻炼练就了他很强的自信心，以后做什么事情只要投入进去就一定能够成功。所以我的观点是孩子的兴趣往往是多方面的，但是只要符合一个标准——身心两健，家长就可以保护、支持他。

比如玩扑克，我相信绝大部分家长都会反对孩子玩扑克牌，中国有一句老话叫"玩物丧志"，但是我完全支持儿子玩扑克牌。其实扑克牌有很多种玩法，我通过儿子玩扑克牌，知道一个名词叫"花切"。电影里周润发在赌场把扑克牌像手风琴一样地摆弄，这个就叫花式切牌，简称花切。

我儿子狂热地喜欢花切，我非常支持，不断地满足他的心愿。因为玩花切的原因，儿子收藏了大量扑克牌，最贵的二三百元一副，总价值不下一万元。如今，他基本上可以做到"以藏养藏"。

玩扑克牌有什么好处吗？我为什么这么支持他？这里我说两点。

第一，他的专注力越来越强。我儿子通过玩扑克牌，体悟到了专注的价值，若是想学一个东西他就真的能够学得成，这是很难得的一个教育过程。

第二，中国有一句话叫"心灵手巧"，如果他扑克牌玩得很溜，玩得很好，那么他的思想一定是灵活的，智力也会得到培养。

我今年暑假把儿子拉过来一起做了直播，让他当众表演了一下能把扑克牌玩到什么程度，他现在除了双手花切能玩很多花样之外，也会单手切牌，而且还可以非常厉害地飞牌。一张扑克牌用手指弹出去，可以切到苹果肉里。据他介绍，有人能够用普通扑克牌飞出5米外，切断一条黄瓜，更有功力的人可以击破易拉罐，让可乐流出来。孩子的爱好要从孩子自己的兴趣当中去寻找，家长不要先入为主地指定孩子的爱好。

从孩子的兴趣当中去寻找爱好，主要有三个好处：第一，孩子把爱好变成专长，增强自信心。孩子的兴趣变成了爱好，培养出了专长，这个价值就太大了，比家长强迫他去练舞蹈、弹钢琴要强好多。为什么说孩子兴趣变成了专长很有意义？因为孩子有了专长，在同学面前就有自信。第二，在专长的培养过程中找到了自学的方法。我儿子上初中以后，学什么基本上都是自学，当然可以借助网络教学视频自学，除了架子鼓，其余一概不报班。第三，孩子知道了怎样去管理自己的时间。从兴趣到爱好，爱好到专长，孩子在这个过程当中管理时间的能力大大提高了。

家长培养孩子的目的是什么？不就是培养孩子的这些能力吗？如果孩子的学习方法更有效，专注力更强，能够很好地管理自己的时间，这不就很好吗？孩子从兴趣到爱好，爱好再到专长是非常有效的家庭教育思路，一旦培养出专长，哪怕是比身边人突出一点点也会带给孩子一生受用无穷的价值。

发现和培养孩子的爱好检验家长水平的高低

孩子的兴趣培养成爱好是有一段过程的，有一次我儿子跟我分析他把兴趣分为三个阶段，我觉得他说得很有道理。

第一个阶段是表面的兴趣阶段。这时候孩子往往关注一件事，但热度不会超过三分钟，很快就打退堂鼓了。因为他发现有很多困难是他承受不了的，或者说是他某些方面不具备条件的，因此兴趣是浅层次的。

第二个阶段是真正的兴趣阶段。如果说孩子能够自己坚持下来，转化成爱好，这个时候就进入了一个新的阶段。

第三个阶段是如果某些兴趣没有成为长期的爱好，但是哪一天重新被点燃了，那么这种爱好就一定能够坚持下来，就非常了不起。比如我儿子学架子鼓就是这样的，原来是我建议他学，学了一段升到5级他就没什么兴趣了，中间停了一段时间。突然有一次别人的架子鼓表演触发了他的好奇，然后他觉得如果这样练，也可以达到同样的水平，于是他重新点燃了自己的爱好。这个时候他觉得自己有非常大的潜力，现在很好地坚持了下来，而且不断地练老师还没有教到的部分，水平提高很快。孩子进入第三个阶段是非常好的事情，家长一定要努力去保护它。

家长能不能发现和培养孩子的兴趣，其实很考验家长的水平。如果家长没有及时抓住机会或没有创造条件去培养孩子的兴趣，不能把他的兴趣转变成爱好，培养为专长，那么对他的指导就会缺失很大一块儿。

家长应该重点关注孩子的兴趣和爱好走到哪一步了，从这个角度不断去发现，然后开始有计划地培养，并且予以更多的条件支持，这样才能帮助孩子很好地成长。

家长怎样去保护孩子的兴趣？这里涉及两个非常重要的问题。

第一，孩子的兴趣最终一定是个塔式结构，兴趣和爱好需要他自己慢慢去找，找到很多很多他认为的兴趣，然后再慢慢去选择、去培养，筛选到最后少数几个，逐渐变成他的爱好。家长不要因为孩子的某个兴趣没有维持多久，就认为所有的兴趣都是没意义的。

第二，家长要从孩子的兴趣当中发现底层逻辑，他为什么对这个现象感兴趣？这个兴趣到底能给他带来什么？家长要用成熟的思维帮他进行逻辑梳理。

比如有一次我儿子在看黄永玉的版画，这个版画的题目叫《天然的面具》，表达的意思是有一个人弯着腰在观察一个东西，然后我儿子看版画的时候也在弯着腰去看这个画，于是他哑然失笑。六年级的他在日记当中说：《天然的面具》好像就是在说我，本身不懂画，但是还装着在欣赏，弯着腰去看它。笑其实一半是苦涩，一半是释怀。日记看完之后，我很受触动。

我觉得儿子这么去看这幅画本身没有错，即使看不懂还是去看也没有问题。因为人们总是在发现自己不懂的东西，才逐渐找到兴趣，而且即使以后他不学版画，但艺术的评论都是相通的，思想是连贯的，如果能从版画的欣赏逐渐延伸到文学、艺术或哲学，那也已经很有意义了。所以家长要尽可能帮助孩子深入理解兴趣表面背后的深层逻辑，这样就可以有效地保护他的兴趣。

孩子毕竟初涉人世，一定对很多事物感兴趣，只是家长并不知道，他的表现方式可能不恰当，但是兴趣本身是有意义的。如果家长一开始就带着某种执念去评价孩子，容易把非常好的兴趣扼杀在摇篮里，这对孩子的成长是非常不利的。我还有一条重要提示：家长对待孩子的爱好选择不要太功利，不要觉得爱好一定要与学校教育内容相关，不要追求未来考试、考学校能成为加分项。一切有益无害的爱好，都是身心健康的推进剂，都有助于孩子的成长。因此家长一定要努力去发现孩子的兴趣，保护孩子的兴趣，有能力的最好去开发孩子的兴趣，长期支持孩子的兴趣，这样孩子才有可能有效地成长。

2. 在快乐中培养孩子的专注力

"把你的精力集中到一个焦点上试试，就像透镜一样。"

——法国昆虫学家法布尔

每个家长都见过孩子写作业注意力不集中，写几分钟就开小差的情况；也经历过孩子吃两口饭就被什么别的声音或物体吸引走的情况。关于孩子的专注力，长期以来家长大多是要求孩子，但是自己主动去关注的情况是比较少的。孩子的天性就是容易分散注意力，这也是对世界的好奇所致。

孩子培养专注力要趁早，上小学再培养可能就已经晚了，我觉得两三岁就可以考虑开始，孩子如果专注力弱，那么他之后在时间管理上很难达到非常好的效果，时间使用效率一定会比较低，就会出现上面提到的写作业精力不集中的现象。孩子专注力强，不仅学习效率高，掌握知识更快，还能够集中精力做好其他的任何事。所以专注力的训练对一个孩子的成长特别重要，家长要重视起来。

我通过翻阅资料和积累的育儿经验，总结出以下这些对训练专注力很有效的方法，分为两大类：一类是能引起孩子兴趣的活动，另一类是家长与孩子一起进行的游戏。

兴趣是专注力最好的老师

家长要发掘一些生活中必须全神贯注才能做的事情，然后引导孩子去模仿和实践，这对于培养专注力是快速而有效的方法，孩子在潜移默化中把事做成了，也足够专注了。

家长可以在缝补衣服的时候教两三岁的孩子穿针，当然要在保证操作安全的前提下进行，引导孩子拿着棉线去穿针孔。这对于成年人来说都是有一定难度的，所以对孩子专注力的要求更高。一开始可以不限时，让孩子把这件事做成即可，后面熟练了可以试着让孩子在短时间内完成，这对于集中精神又上了一个台阶。我曾经看过一个摄影作品，呈现的是孩子瞪大眼睛在穿针孔时的高度专注，很是震撼。在穿针的基础上，家长可以继续发掘难度更大的事让孩子沉下心去做，这样层层推进，不仅能让孩子越来越专注，同时也能增强他的信心。

我儿子经常练习飞扑克牌，这是他的一个小爱好，很多个宁静的夜晚，家里的吊灯被他的扑克牌打得叮咣作响。飞牌要求手指和身体动作与信念完全一致，要想把一张扑克牌飞得更远、更有力量，绝对不是靠简单的蛮力就可以达到的，这与成人练气功有某种内在的相似性。

我儿子今年13岁，已经可以把扑克牌准确地切入指定位置的苹果肉里了。很多人认为这接近于气功，其实这是一个把专注力集中到手指上的表现，他现在做很多别的事情，专注力也能很容易聚集起来。

乐高积木其实是非常能培养孩子专注力的，因为它需要孩子持续地关注，在不断的拼接中，有一个细节拼错了都不可能达成最后的结果。积木类玩具包含一些工程的概念，有时候孩子一玩就是一两个小时，而且复杂到一定程度后，孩子会保持长期的高度专注。据我所知，适合成人玩的乐高积木可以拼好几天，所以孩子拼乐高积木是很好的提升专注力的方法。

我清楚地记得有一次我和儿子坐飞机，中间由于天气的原因，我们备降在另外一个城市，最终到达目的地已经是凌晨四点，但是前不久有人送了他一组积木，他想马上把它搭起来。尽管大家都很疲惫，但我允许他这么做，按道理来说孩子凌晨四点还兴奋地搭积木肯定是不妥的，但是他的兴奋劲儿上来了，我就让他做。当时我只跟他说了一句话：我们都去睡觉，你如果想搭就一定要搭完，要么就直接去睡觉。他答应了，并且连续搭了三个小时，确实搭完了，这时已经是早上七点。后来他承认在过程中已经非常困了，但是为了完成这个任务，为了履行承诺，他保持高度专注，战胜了瞌睡，这是很了不起的一种训练。

同样带有工程性质的玩具还有多米诺骨牌，如果某一块倒了，所有单位都可能会接连倒塌，给孩子带来挫败感。因此孩子在摆放多米诺骨牌的时候，每一块他都屏住呼吸万分小心，整个过程对专注力培养是特别有帮助的，还能锻炼孩子承受打击的能力。

再大一点的孩子可以接触魔方。对于魔方玩家来说，每次成绩提升几秒或零点几秒都是成功的体现，是对自信心的巨大鼓舞，所以更要求持久的高度专注。我儿子在玩魔方的时候，一开始是60秒，很快就训练到30秒，越到后来提升越难，每提高0.5秒对他来说都是巨大的成功，训练中有过13秒的好成绩，比赛成绩最好的一次是15秒。

提升专注力少不了家长的陪伴与引导

孩子在发展兴趣爱好的同时，家长参与活动或游戏，更是一种建立紧密亲子关系的高效手段。

下面是几个可以帮助孩子上课专心听讲、认真写作业，考试不粗心的小训练，每天只需要花 10 分钟左右的时间，由家长陪伴一起完成，坚持下来，效果就会很明显。

家长可以写一串随机数字，不宜过长，大声朗读一遍，然后让孩子在听完之后凭记忆写下听到的数字。第一次可能写不了多长，正确率也不一定高，但是家长要多鼓励，慢慢地孩子就会有信心，自然地就会越写越多。

如果记录数字难度比较大，家长可以选一段文字朗读，速度自己掌握，其中每读到某一个字，如"一"字时，让孩子在纸上做一个记录，打钩画圈都可以。家长读完后统计"一"字的个数，核对孩子记录的数量是否相同。

家长可以准备一些词语，分为几大类，如日常用品、动物、植物等，然后一个个地念，当念到某一类词语时，要求孩子举右手，念到另一类词语时让孩子举左手。一开始家长可以念得慢一些，随着训练程度加深可以越来越快，孩子必须时刻保证专注力才能举对手。

找差异训练，可以理解为听力上的"大家来找碴儿"。家长快速读出两句话，孩子要在其中寻找细微的差距，一开始差异点可以少一些，越往后，不同的地方越多，孩子很喜欢这种脑力激荡的游戏。

以下是一种在心理学中用来锻炼专注力的小游戏：在一张 5×5 共 25 个小方格的表中，将数字 1~25 打乱顺序填写在里面，然后让孩子以最快的速度从 1 数到 25，要边读边用手指，同时计时。研究表明，7~8 岁儿童的完成时间是 30~50 秒，平均 40~42 秒；成年人大约是 25~30 秒，有些人可以缩短到十几秒。有兴趣的家长可以多制作几张这样的表跟孩子一起玩，每天一遍，相信孩子的专注力水平一定会逐步提高。

扑克牌也可以开发出锻炼专注力和反应能力的小游戏：取3张不同的牌，正面朝上随意排列于桌上，随机选取一张牌，让孩子查看并记住它，然后把3张牌倒扣在桌上，看不到牌面，之后家长随意更换它们的位置，然后让孩子说出那张被选出的牌的位置。一开始很简单，随着孩子能力的提高，家长可以增加难度，如增加牌的数量、增加变换牌位置的次数、提高变换牌位置的速度。

这种方法能高度培养孩子的专注力，还能锻炼眼睛和大脑的协调，非常受欢迎，孩子玩起来积极性很高。

"开火车"游戏需要至少三人参与，一家三口就可以完成，当然如果有长辈或其他成员参加就更好了。大家围坐一圈，每人报一个站名，并且要记住自己报的站名，然后"火车"就开动了。比如爸爸报北京站，妈妈报上海站，孩子报广州站。爸爸拍手喊："北京的火车就要开。"大家一起拍手喊："往哪开？"爸爸拍手喊："广州开。"于是，报广州站的孩子要马上说："广州的火车就要开。"大家又齐拍手喊："往哪开？"孩子拍手喊："上海开。"这样火车开到谁报的站那里，谁就得马上接着说。"火车"开得越快越好，中间不要有间歇。

这个游戏由于要做到口、耳、心并用，因此能让孩子的注意力高度集中，同时也锻炼了快速反应能力，而且这种游戏气氛活跃，能调动人的积极性，孩子玩起来乐此不疲。

如果家长觉得孩子需要独处，可以买一些训练智力的书给他，并陪读。推荐买一些锻炼观察力、注意力、记忆力的益智书籍，如走迷宫、找东西、找异同、比大小、比长短、拼记忆等，练习时间不可过长，但往后可适当延长练习时间，一定要每天坚持练。

家长不要等到孩子无法专注时再去训斥他，而是要主动地尽早引导孩子锻炼专注力，在这个过程中，家长自己或许也有提升，这是共同进步的好途径。

玩游戏上瘾的孩子，你们都想错了

"这是中国首款 3A 游戏大作，让中国人在这一领域挺不起来的腰杆子第一次挺直了。"这是我向我儿子请教最近流行的"黑悟空"是什么东西时，他给我的一段回复。这涉及当今社会广泛讨论的话题——孩子和游戏。现代社会已经完全进入网络时代，手机好像成了人们身体器官的一部分。现在的学生从来不碰手机，这是完全不可想象的。

游戏大行其道，我觉得这应该是正常的。我们小时候也玩游戏，只是缺少内容和工具，所以那时候玩的游戏都是土法上马，自己找一些边角料做成游戏的工具。比如推铁环、打陀螺，或者是把纸折成一个方块，谁能够打翻它，就取得了胜利。

游戏不仅是人类的追求，其他动物也会有游戏，只是人类不太懂，比如大猴子陪着小猴子翻滚，我相信就是游戏的一种。所以"谈游戏色变"，这是不正常的。游戏应该存在，孩子喜欢玩游戏是正当合理的。孩子热爱游戏，并且在游戏当中得到快乐也是正常的，有些孩子在游戏中表现出自己的天才和能力，也是非常自然的事情。

我要说一个观点，家长没有资格去阻止游戏，更没有资格去批判游戏，必须承认游戏的存在。

孩子玩游戏如果上瘾，并且成为职业游戏玩家，我是可以接受的。当然要尽可能地不要过于伤害身体，因为很多游戏都有专业的人员在玩。

游戏上瘾不是一件很正常的事吗？很多现代体育项目当初不也是游戏吗？那些体育健将其实都是"游戏上瘾者"。而且国家层面也在不断激励这种"游戏上瘾者"，让他们在某一方面表现出个人独特的天分。所以如果孩子在游戏上确实有天分，并且沉浸其中，最后成为了专业选手，在我看来应该恭喜他，孩子在某一个方面把自己的优势表现出来了，而且给整个社会带来了贡献。

其实不难发现，家长反对的不是游戏，也不是游戏爱好者走向专业化，真正反对的是孩子玩游戏上瘾，但同时又不能因为游戏获利，这才是家长真正担心的问题。因此我想从四个方面来剖析如何对待孩子玩游戏上瘾的问题。

第一，家长必须让孩子玩游戏，不能让孩子完全被排斥在同龄人之外，否则他就无法参与同龄人的社交，也无法表现出存在感，更没办法建立一定的自信。因此要让孩子玩游戏，甚至可以跟孩子一起去分析游戏当中的逻辑规律，研究其中的技巧，提高孩子玩游戏的水平，我不反对家长这么做。

第二，要跟孩子一起去分析游戏的成败，帮他分析里面的技术因素，让他比较冷静地参与游戏。成功了要帮助他一起剖析对手犯的错误，或者自己技术的提升之处；如果游戏失败了，要帮助他分析原因，是哪种技术没有掌握，还是过于匆忙进入游戏而没有了解其真正逻辑，协助分析会使他在玩游戏的过程当中始终处于理性的状态。

第三，我家不仅同意，甚至指导孩子玩游戏。我们提倡带着孩子玩其他的东西，让他拥有更广泛的爱好，而不会把游戏变成唯一的爱好。如果孩子的爱好广泛，很多事情都有兴趣参加，多种爱好并行，尤其是与体育、文艺相关的爱好，这样孩子是不容易在游戏当中上瘾的。

第四，孩子如果对游戏上瘾，同时又没有发展成为专业选手，首先家长应该自责，这是引导和陪伴以及指导的问题。所以不要简单地去责怪孩子，不要天天想着没收他的工具，控制他的时间，强迫他做家长想让他做的事情，这样会适得其反，没有效果。家长应该从自身做起，在孩子玩游戏的过程当中至少应该参与、介入或协助，这方面不身体力行的话，孩子很容易对游戏上瘾。

真正对游戏上瘾的孩子，把精力拉回来是非常难的一件事情。可以参考的做法有以下几种。

一是家长宁愿孩子停课，或者自己停工，然后把孩子带到一个他有一点热情和兴趣的地方去，放下手机，让他彻底地去接触别的内容，从而产生新的兴趣，逐渐摆脱对游戏上瘾的感觉，这是一个比较好的做法。

二是花精力、花时间重启孩子的另外一个爱好。因为孩子其余的爱好不广泛，也没有深入，所以玩游戏就容易上瘾。现在反过来，家长重新培养他的某一种爱好，根据过去的观察，找到他另有爱好的地方，花时间、花精力，甚至请教练来好好陪他发展。孩子对游戏上瘾，有的时候他自己也会很烦恼。如果家长帮他找到了一个替代品，让他逐渐把精力转移出来，孩子内心其实是完全接受的。

但是有一点非常重要，家长不要试图把他拉回到学习上来，现在不少孩子读书其实是很痛苦的，他们从来不认为读书是快乐的。想让孩子从快乐的巅峰掉到低谷，这个转移是比较困难的事情，所以家长不要急于求成。尽管最终目的是让他回到学习上来，但是急急忙忙是拉不回来的，因为上学读书给他带来的热情、兴趣和快乐感还是太少。就算孩子学习比较好，其实他也不认为这件事是快乐的。

对于游戏爱好者或对游戏上瘾的学生来说，很快把他拉回到学校，拉回到读书上，拉回到考试上，拉回到学习成绩上，千万不能这样做。

家长要想帮助孩子慢慢戒掉上瘾的游戏，或者逐渐从沉迷当中走出来，回归正常的生活，就需要迂回，要通过对其他兴趣的发现、培养，让这种兴趣爱好逐渐成为他的某一种专长，这样才能使孩子摆脱对游戏的沉迷或依赖。

3. 你的善良必须有点锋芒

> "与善人行善会使其更善，与恶人行善会使其更恶。"
>
> ——法国作家罗曼·罗兰

善良是一种世界通用的语言，它可以使盲人感到光明，让失聪者听到声音。法国启蒙思想家卢梭曾说过，"善良是人类文明一直以来的一种追求，善良的行为可以使人的灵魂变得高尚"。美国诗人米列却说过另外一句话，"越是善良的人，越觉察不出别人的居心不良"。那么善良给人们带来更高尚的灵魂的同时，会不会带来更多世俗的伤害？当然是有可能的。

心有莲花，则所见皆是莲花

善良者往往以更好、更善意的心态去揣度别人，因此在世俗的交往当中会给自己带来一定的伤害。

比如很多可以争取的事情，往后退了一步就没有争取到；在有些利益面前，放松了追求，很有可能利益就被别人获取；更有甚者，会借助他人的善良，得到意外的好处。善良的人对丑恶很难察觉，因此也会受到一些精神上的伤害。

尽管如此，人们仍然要坚持在人际交往当中本着善良出发，去做与善良相一致的事情。古人曾经讲过："勿以善小而不为，勿以恶小而为之。"

谈到善良，我举一个苏东坡和佛印的故事。传说苏东坡和高僧佛印是莫逆之交，两个人经常在一起参禅论道。有一天，苏东坡跟佛印开玩笑："你看我坐在这里像个什么？"佛印就非常友善地回答说："你很像一尊佛。"然后佛印就追问苏东坡："你看我像什么？"苏东坡就故意地嘲弄佛印说："很像一堆牛屎。"事情很快过去，佛印也没有追究。

苏东坡回到家之后，非常得意地跟他的妹妹苏小妹描述他跟佛印之间的对话，听完苏小妹就非常认真地跟苏东坡说："一个人的心中有什么，他看到的就是什么。你看佛印像一堆牛屎，那说明你自己的修为不到位；而佛印因为是得道高僧，所以他看你就像莲花一样美好。"故事虽是传说，但是流传甚广，它告诉了人们一个道理：人的内心一定要向善，只有这样看什么才都是美好。

我有过一次这样的亲身经历。记得是在北京工作的一个夏天，突然一只蠓虫飞进了我的眼睛里。虫子大概两毫米左右，个头很小，我的眼睛马上睁不开，止不住地流眼泪。我有一些焦躁，很是心烦。但因为我与佛家子弟交往比较多，也与一些高僧有过交流，当时想如果我是一名出家弟子，在这个问题上会怎样思考？我想到佛教徒以慈悲为怀，一定是以善愿为这只虫子伤悲，它因为鲁莽而丧失了生命。我相信日常的修炼就是从这些细小的善意开始的，所以这个事情我记了很久。

弘一法师有一次到他的学生家里做客，他的学生是著名的漫画家丰子恺先生。弘一法师入座之前先把凳子抖了抖，丰子恺就非常好奇地问弘一法师："您抖什么？难道是凳子不干净吗？"弘一法师说："不是的，因为你这是藤椅，藤椅里面很有可能会有一些小的生物，我们可能看不见，但是我这样直接坐上去，很有可能就会把它们压死了。我这样抖一抖,它们就会走开。"丰子恺听后非常感慨,他觉得人的善确实是表现在任何细小的地方。

我的老家九江市就出现过一个令人非常感慨的故事。

九江市有家国营棉纺织厂,一天一些工人在纳凉,他们准备在室外吃火锅,火锅里面炖着肉,正当他们要吃的时候,其中一个工人养的一条狗冲了上来,一直阻止他们。只要他们一拿起筷子,那条狗就开始冲撞他们,很多人非常烦躁,不知道狗究竟是怎么回事。狗冲撞了很多次之后,也没有起什么作用,工人们还是准备去吃肉。结果这条狗冲过去,吞吃了火锅里的一块肉,之后不到两分钟狗就死了,听说是中毒而死。事后这些工人在郊区为这条狗修了一个墓,把它埋在了那里。他们时常去凭吊这条狗。

狗舍命试毒来告诉人们火锅有毒,是不能吃的。世界上的很多生物其实都有善意,也使人类变得更加善良,不去为恶。善良可能会吃一些亏,但我认为在世俗当中因为善良吃一点小亏,其实也没什么,况且吃一点亏会得到更多的福报,我就很感念与人交往当中相互增加的善意。

与人为善,但必须有点锋芒

让我名利双收的《细节决定成败》这本书不仅为我带来了很大一笔收入,而且让我走上了一个管理学者的道路,成为所谓的名家。成功除了自己的日常积累和思考外,很大一部分源自朋友的支持和帮助。

我很早就结识了一位朋友,他是北京大学历史系的研究生。与他交往的过程当中,他对我的读书、心得、思考以及社会实践给予了非常多的鼓励。

我对他也一直非常友善，有一年我在一家企业任总经理的时候，他就从北京过来看我，当时我没办法接待他，因为要给另外一家兄弟企业上课。他说："我就跟你一起去听课好了。"我没有拒绝。听完课之后，他跟我说："你上课的内容其实是可以写成一本书的。"当时我对于书根本就没有概念，也没有想到我能够出书，但是他一直在鼓励我。

后来我就把课程的内容加上我过去的笔记，以及在别的地方讲课的相关内容，整合成一本书，就是我的处女作《营销人的自我营销》。而《细节决定成败》出自《营销人的自我营销》中的一个观点——"把小事做细，把细事做透"。

我所谓的成功，其实来源于一次机缘。而这种机缘是因为我与人为善，或者说我的朋友与人为善，互相之间的福报。后来我们的合作取得了很大的成功，这就是相互为善结得的善果。因此，我不认为善就一定会得到恶报，或者一定会吃亏，更多的还是会得到福报，尤其是站在更长远的角度看，一定是这样。

曾经有人问我有没有信仰，我说没有。如果非要问我笃信什么，那就是"天"，而这个"天"一定写着一个"善"。我一直跟很多年轻的朋友说，要以善出发来推动社会文明的进步；同时要以善为本与人交往，这样才会在社会上有效地发挥自己的能力，得到更多的加持，哪怕过程当中偶尔吃一些小亏，也无所谓。

曾国藩讲过一句话：我要步步站得稳，须知他人也要站得稳，所谓立也。我要处处行得通，须知他人也要行得通，所谓达也。

与人为善的时候，也要带点锋芒，不能让善良遭受委屈，正所谓"人善被人欺，马善被人骑"。很多人有时候对自己的善是有所顾忌的，这完全可以理解，因为社会毕竟是复杂的。确实有一些人为了利益不择手段，很大程度上是利用了他人的善良。

正因为如此，人们在实际生活当中对于善良一定要有个度。我书中曾经讲过一句话：**人生最难掌握的规则是度，善也一样，如果善没有度，对于恶不能分辨，那么就会形成一种新的错误**。人们经常说，对恶人的容忍其实是对善良的伤害，所以在这个问题上，人们需要保留一定的鉴别力。

我在生活当中也会偶尔露点锋芒，尝试奋起反击的做法，比如我在直播当中会对那些居心不良者马上进行强烈的反击，我认为这并非不善。人们需要对那种明显表达出恶意的人和明显带有恶意的事予以坚决的制止，至少不回避。

人们对于善良要保留一定的鉴别力，与人为善也要留点锋芒，这是必须要做到的。不能让善良受到伤害和委屈，否则就是对那些经常行善的人们的一种不善。

4. 真诚永远是必杀技

> "人与人之间,只有真诚相待,才是真正的朋友。谁要是算计朋友,等于自己欺骗自己。"
> ——尼日利亚作家哈吉·阿布巴卡·伊芒

一句谎话需要无数更大的谎话来遮掩,英国前首相丘吉尔曾说过这样一句话:从人类有史以来,关于真诚与谎言就一直在斗争,一定有人长期用谎言来掩盖自己的错误,或者用谎言来获得利益。当然有更多的君子用真诚来打动人,并且坚持真诚的原则与任何人交往处理所有的事情。

写过绝交信的铁杆兄弟

我在清华同方工作的时候,公司推出过一款测谎仪,它主要是应用在刑侦上。当时我们就在想,人世间不知道有多少人能通过这个测谎仪的测试。有关真诚的问题其实一直在被人们讨论,或者人们总想突破它的底线。

在这里我想讲两个古人的故事,一起来看他们是如何真诚待人的。

魏晋时期的大文学家嵇康曾经留下过一篇非常著名的书信《与山巨源绝交书》。山巨源就是竹林七贤之一的山涛,字巨源,他与嵇康都是当时文化界的名流。山涛从政当了大官,而嵇康一直在乡野,未曾从政,他们虽然是好朋友,但是很多观念却不一致。

有一次山涛被提拔了,最初他是选曹郎,掌管官吏选拔,后来升迁出任大将军从事中郎。升迁之后他向上司推荐嵇康接替他原来选曹郎的职务，但是嵇康听说此事之后把山涛大骂一顿，觉得不解气，还专门写了一封与他绝交的信。嵇康其实并不是真的对山涛绝情，而是他很不喜欢山涛这种态度，因为嵇康很明确地表达过对于官场的蔑视，而山涛不了解这一点，非要推荐他去当官，他当然很不高兴，所以就写了《与山巨源绝交书》。

虽然写了绝交信，但他们并没有真正绝交，只是嵇康想表达对当时司马氏政权的政见不同。嵇康临死前还把儿子嵇绍托付给山涛，让山涛教育他、养育他、照顾他。嵇康死后，山涛不负其所托，把嵇绍培养成人，后来还做了不小的官。

在一般人看来，山涛推荐嵇康去当官显然是为朋友着想，但由于嵇康跟山涛的政见不一样，因此就拒绝了他的一番好意，并且非常明确地提出来跟他绝交，以示愤慨，但两个人的友谊并没有断绝。从这里可以看到，当时文人之间交流非常直接，彼此之间真诚以待。

柳宗元有一个朋友，是一个姓王的进士，他家里被火烧了，柳宗元就给他写了一封书信，祝贺他家被烧了个精光，建议他按照自己的品位盖一栋更好的房子，用新房子来展示个人魅力和审美能力。事实上烧一个房子并不是财产上的损失，而是烧掉了对过去的留恋，所以只要人没有受伤，这个房子烧掉了，反而是因祸而得福。

从柳宗元这封信可以看出，人在遭到一些非常不好的变故时，尽管受到了一些损害，但是后面却能否极泰来，古代这种例子非常多。古代这些文人相互交往是非常率真的，彼此之间真诚以待，今人难以望其项背。

真诚是做人的底线

德国曾经搞过一个"金鼻子奖",是专门奖励给那些做假货的人的,当然几乎从来没有获奖者去领过奖,这样做就是让那些制造假货的企业抬不起头来,督促他们做出反省。

网上曾经流传一个笑话,说有一个奶奶给他的孙子发短信,叫他赶快躲起来,因为老师说他逃学,现在要到家里来找他。孙子立马就跟奶奶说:奶奶还是你快躲起来吧,因为我今天跟老师请假,理由是奶奶去世了。

这时候奶奶已经来不及躲藏了,她正在给老师开门,门一打开老师特别惊讶。老师说您老人家没去世呀,搞得奶奶胡乱地应付了一句:今天头七我回来看看!老师当场就吓得腿软了。

这当然是编的故事,虽然荒诞,却是发人深省。这种网络故事讽刺现在的人撒谎,缺乏真诚,而且撒了谎就需要用更多的谎言去弥补。

我曾经在法国看过一个谚语,说撒谎的人往往需要极好的记忆力,前面撒了谎,后面就要费力去圆这个谎。因为谎言并不真实,必须记住之前撒过什么谎,否则后面很难对应起来。所以很多人要挖空心思地找更多的谎言来弥补前面撒的一个谎。

美国小说家马克·吐温曾经说过,真实比小说更加荒诞,因为虚构是在一定逻辑下进行的,而现实往往毫无逻辑可言。

德国社会学家马克斯·韦伯曾经在《学术作为志业》的演讲稿中说过这样一段话:"事物虽然不美、不神圣、不善,却可以是真的,还不仅仅如此,真就真在它不美、不神圣、不善上,这是一个日常的真理。"这段话其实说明了社会上的活动应该由真出发,不应该为了所谓的美善或神圣就去造假。

所以人们需要在这方面与谎言做斗争,要求自己求真,真诚面对这个世界。

既然真诚如此重要，该如何做到真诚呢？这里我强调两个原则：第一，我个人在所有的演讲当中都会强调"宁讲错话，不讲假话"。可能我讲的是不对的，但正因为我真诚，所以我敢勇于承认自己的不对。我只是把自己真心想说的、认为对别人有利的、我认真思考过的，或者是我反复论证过的、亲身经历过的都说出来。我说的可能有对有错，这没什么，毕竟我不是圣人，也不是完人，但是如果用假话去演讲，或者用假话去面对这个世界，那就不可原谅了。

第二，任何人都不可能把真话全部说出来，我认为应该坚持"真话不全说，但说的全是真话"，这个很重要。我记得在青年时代读过一本书，是法国大革命时期的思想先驱卢梭的带有自传性的《忏悔录》，他把自己一生犯过的错误或道德上的瑕疵以及做过的坏事全部列了出来。这个人在自己晚年的时候终于活明白了，用真话把自己一生发生的事情，包括不良的记录全部展现在世人面前，我觉得他是个非常了不起的人。

无独有偶，中国也有这样的作家，著名作家巴金先生在晚年写过一本书叫《随想录》，其实就是写他所经历的人和事，里面也包括他对自己的批判，自己当年哪些事做得不够好。季羡林先生的《牛棚杂忆》也是一本题材相似的反思性作品。这些深刻剖析自己的例子，非常值得年轻人钦佩和学习。

事实上从做人的角度看，真诚是一个人的底线，一个真正能够追求真诚的人才能与这个世界持久相交。欺骗一个人，甚至欺骗一个人的一生，当然是可能的，但是任何人都不可能欺骗所有的人。因此我经常开玩笑说，我知道我的智商是不够的，一旦说假话就会被别人戳穿，既然迟早被别人戳穿，还不如一开始就不要撒谎。

5. 沟通不仅仅是张嘴说话

> "如果希望成为一个善于谈话的人,那就先做一个注意倾听的人。"
>
> ——美国人际关系学大师戴尔·卡耐基

沟通是一门艺术,不仅在于说什么,也在于如何说。有很多人反复提到这个问题,比如管理学大师史蒂芬·柯维就说过:沟通是领导力的基石。这句话对于职场人非常有吸引力。另外迪博拉·塔宾格(音译)说过:最重要的沟通是倾听。以下我会讲一系列关于沟通的方法,包括我的职场经历整理出的一些经验。

巧妙的沟通能够有效地化解尴尬与危机

关于沟通,很多人会在这个问题上犯错误,有的人说话没有技巧,直接把天"聊死",没办法继续下去;有的人一开口别人没办法接话,说话很冲,让人觉得具有攻击性;还有的人虽然说话非常有逻辑,而且知识面也很宽,但是得理不饶人,让人觉得很不舒服;还有的人莫名其妙地见人就怼;更加恶劣的就是出口伤人,在对话沟通当中容易伤害别人的自尊或人格。

很多人在沟通当中不具备常识性技巧,往往弄巧成拙,下面我列举一些在沟通技巧方面非常有智慧的案例。

丘吉尔碰到一位女士在跟他调侃,她开口就说:"如果你是我的丈夫,我就在你的酒里下毒。"这话非常有攻击性,很伤人,但是丘吉尔非常聪明，灵活幽默应对道："如果你是我妻子，我会毫不犹豫地喝下去。"这个回答非常巧妙，表面上看是很好的迁就，但事实上是非常有效的回击。

约翰·肯尼迪在一次竞选辩论中的对手因为成熟老练，年龄比较大，就想指责肯尼迪太年轻，认为肯尼迪缺乏经验。肯尼迪回答得非常巧妙："我不会用年龄问题来攻击我的对手，因为我发现年龄是个非常普遍的现象。"他的意思是说，你说我年轻，我还没说你老呢，没说你应该退出历史舞台。他非常巧妙地回答了对方。

在一次新闻发布会上，一个媒体记者提出了非常尖锐的问题，奥巴马一直在对他提的尖锐问题进行有效的回应，记者突然问了一句："你为什么这么恨我？"奥巴马非常平静地回答他："我不恨你，我甚至根本不认识你。"这句话回答得很巧妙，也很智慧。奥巴马的潜台词是：你想让我恨你，你还不够格。奥巴马不卑不亢，表现得很平静，但是杀伤力很强。

其实沟通是一个很吃力的事情，它是需要智慧的。后来我经常拿这句话鼓励年轻人，不要对那种为老不尊的人让步，因为年龄本身就不是衡量一个人成熟度的标志。民国时期，汉口市市长吴国桢很年轻就涉足政坛，23岁就拿到了普林斯顿大学的政治学博士学位。有元老对他28岁出任市长表示怀疑："这么年轻，会不会太幼稚？"吴国桢回了一句："如果用年龄来衡量一个人是否幼稚，这本身就很幼稚。"我觉得这个回答太经典了。

消除沟通代沟的技巧

虽然人们要学习沟通的技巧，但是也不要太在意日常的沟通是不是最佳状态，因为人没办法为别人而活，不要把一些琐碎的事情看成包袱背负在自己的身上。很多人关心与长辈沟通,特别是跟父母沟通,如何解决代沟的问题。

我曾经有一段时间跟我父亲在很多问题上沟通不顺畅,因为他对现代的很多事情是不太理解的,同时他的有些观点我也不予采纳,所以经常在一些问题的沟通上产生分歧。

我的下一代在很多情况下也会这么看我,认为我不理解他们,所以代沟是客观存在的。以我的经验来看,以下两点是可以考虑的。

第一,跟父母和长辈不要去讨论更为深刻的话题。因为话题越深刻,越不容易达成一致,所以就尽可能讨论一些家常,讨论一些鸡毛蒜皮,讨论一些非常小的事情,不要讨论涉及观念、价值观的问题,或者对一件事情真善美的判断问题。

第二,尽可能地去迁就,不要去纠缠,不要去说服。鸡毛蒜皮的事又不是什么大事,尽量做到迁就。比如我妈妈总去外面捡纸壳子,把这些废弃的纸品包装收集起来卖钱。事实上我家没有穷到那个程度,我妈妈单纯就是喜欢捡这些东西。我有时轻描淡写地说说她:你可以捡,但是不要到垃圾桶里去翻东西,更不要见人就叫人家把东西留给你,凭空给别人添麻烦,也许人家自己想卖呢?所以我跟她对话的时候不会严肃地去讨论,她爱捡就让她去捡好了,或许这也是她觉得自身存在的价值。对于这件事我又何必去违背她呢?

沟通是一门技术

沟通是一门技术,人们确实需要学习一些技巧。如果在沟通当中加入一些幽默感,那就需要更高的智慧。关于这个问题,清代有一个人叫纪晓岚,民间流传着很多他的故事。

纪晓岚是个特别聪明的人,有一次他跟朋友聊天,无意中称呼乾隆"老头子"。"老头子"的称呼显然是有些蔑视的，后来这件事传到乾隆的耳朵里，乾隆想和纪晓岚计较一番，就突然问他："听说你叫我'老头子'？"纪晓岚当时很紧张，生怕被皇帝问罪。

纪晓岚急中生智解释道："万寿无疆叫'老'，因为您万寿；威加四海叫'头'，因为您的权力至高无上；因为您是天子，所以天地是您的父母，那么您就是天地之子，当然也就是'子'。您的寿最高，权又在最上面，而且还是天地之子，所以就叫'老头子'。"

乾隆听完解释很高兴，没有再追究纪晓岚。"老头子"本来是他无意中说的，说不定有巨大的风险；但是纪晓岚凭他的智慧很好地应对了，因此我一直认为幽默是需要智商的。虽然人们追求在对话或沟通当中有幽默感，但这需要具备很高的智商或情商，一般人难以做到。

在这里我谈一些沟通的技巧，这是我根据日常的生活经验提炼总结出来的。

第一，善于倾听。德国魏玛共和国时期的总理鲍尔曾经说过一句话：一个好的谈话者首先必须是一个好的听众。善于倾听是沟通的第一技巧。

第二，礼仪在先，多用敬语。对话当中一定要有礼貌，而且要表现出对别人的尊敬。敬语在中国语言当中，比较常用的就是"请""您"之类的。人们应该尽可能比较礼貌地去跟他人对话。

第三，少争辩，而且争取不说最后一句。很多人喜欢跟他人辩论，而且一定要辩到最后一句，过于争强好胜。其实在沟通的场合或环境下，这是一个不好的做法。

第四，讲理，但不攻击别人，更不可人身攻击。

第五，批评一定是友善地指出他人意识不到的失误。即使要批评别人，或者要指出别人哪个方面不对，也应该是友善地指出他没有意识到的错误。如果对方一说完就知道自己是错的，就不要去说了。一定要站在别人认识不足或帮助他改正的角度去沟通，帮助他澄清这种误解。这样别人才能够接受，能够理解，所以批评更需要技巧。

第六，不要教别人该怎样做，而是给一些建议。日常的沟通当中，不要轻易地跟别人说"你应该怎样"，而是给别人一些建议，比如说"我认为这样会不会更好一点"，或者说"我觉得这样的处理似乎更有效"。以这种方式、语气来表达，别人更容易接受，否则别人觉得你有点居高临下。

第七，没有十分的把握，不要轻易开玩笑，包括对自己很亲近的人在内，不要追求难以把握分寸的幽默感。

第八，理性对话，少带情绪。不要带着情绪去沟通，不要一开始就对某人看不惯，或是一上来就恭维人家，无论是正面的情绪还是负面的情绪，都不要带到对话里面去。

沟通应该是理性的，是有逻辑的，是摆事实讲道理的，不要简单地站在自己的立场上一味地辩解，这往往不是一个很好的沟通方式。

沟通不仅仅是张嘴说话，它更是职场人士生存发展很重要的一课。虽然谁都会说话，但如何把话说得艺术，跟他人进行很好的沟通，建立良好的人际关系，就不一定是每个人都能做得好的。想更好地与人沟通，就得学习一点沟通的技巧，只有这样才能立于不败之地。

6. 生存是人生第一门必修课

> "人生的最终价值在于觉醒和思考的能力，而不只在于生存。"
>
> ——古希腊哲学家亚里士多德

如果人生真的有意义与价值的话，就在于对整个人类发展的承上启下、承前启后的责任感。人要勇敢地投入社会，既然已经获得了为人的权利，那就应该把人生处理好。我于20多年前曾经在《江西工人报》上发表过一篇文章，主题是对生命的讨论，题目叫《死亡随笔》。

在这篇文章中，我引用了周作人先生于1924年写的一篇文章，题目叫《死之默想》。他着重谈到人生总是怕死的，一般有三个原因：第一是畏惧死亡时的痛苦，第二是不舍得人世的快乐，第三是顾虑自己的家族。关于生命的问题有很多哲学的思考，这里不做过多的讨论，但是有一点是必须说的，那就是人既然存在于这个世界，就应该有不抛弃这个世界的本能，必须关照好自己的生命。

人有责任和义务把自己的一生照顾好

我的祖母曾经引用泰戈尔的诗来教育我："生如夏花之绚烂，死如秋叶之静美。"这句诗对我关于人生的思考是很有帮助的。后来我在自己的文章当中强调了"既知生之无常，便觉生之不易"，所以思考如何对待自己的人生是非常必要的。

我在另一篇文章当中还讲过一个观点：别把梯子靠错了墙，大意是说人们总是特别有精力去思考人生，但是更多的人往往是顺着一个梯子爬到了顶才猛地发现梯子靠错了墙。很多人在并没有认真思考清楚的情况下就匆忙地走完了一生，所以人应该在智者的指导下过好自己的一生。

人应该顽强地活下去，不管有多大的抱负和志向，对人生有多大的感悟和理解，活下去是一切的基础。人有责任和义务把自己的一生照顾好。

生存的第一要素是如何克服贫穷，让自己获得必要的生存的基本条件，简单来说就是人与物的关系。洛克菲勒说过：世界不欠任何人生计，但是它欠每一个人谋生的机会。对于如何谋生，中国自古以来就有一系列的意见或指导性看法。"三教九流"这个词中，"九流"说的就是古时人们谋生的职业。

我曾经在2006年的一次演讲中回答一位学员关于职业的提问，我送给他三句话：第一，养活自己应该成为你的第一梦想。第二，在这个物欲横流的时代，你当然需要挣钱，但麻烦的是钱往往只追寻那种有挣钱能力的人。第三，企业支付你劳动报酬，就有权利要求你做不损害人格的任何事情。三句话中我想表达的观点是：人必须挣钱养活自己，有时必须学会舍弃，或是默许各种你不愿意接受的要求，因为好好活下去是最重要的，即使放弃自己所谓的爱好，甚至暂时放下所谓的尊严。

《洛克菲勒家书》中有大量的篇幅是讲怎样去谋生的。关于一些商业思想，比如风险管理和投资、财务管理、精确成本控制、领导才能赢得人心、勇于决策、合理管控和组织架构，以及隐忍、冷静、节俭、慈善等商业观念，对我后来的工作起到了很好的指导作用，让我很受启发。

职场很少有浪漫，也许更多是残酷

我做过两年的秘书工作，做秘书之前我当过五年半的老师，教高中语文，兼任班主任。在学校工作的人，尊严是保护得比较好的，但是后来当我做秘书的时候，我发现有很多地方不适应，因为它是个服务性工作，必须服从对方的安排，没有办法，我必须要生存下去，只能努力调整心态，从简单的端茶倒水开始适应。

除了服务，我还必须学会察言观色，思考对方在想什么，下一步我好做出适当的应对和反应。我曾经在一档节目中讲过察言观色的事情，很多人说我过于市侩，可事实上不能只停留在认真做好自己岗位的工作，还要观察别人、琢磨他人的想法，为人处世都是在社会成长当中慢慢训练出来的。

1992 年，我在香港恒雅公司打工，第一个岗位是业务员，那个时候还没有营销专业，我凭着做五年半老师以及两年秘书的经验，在为人处世上游刃有余，做得还算不错。而且我在这边打工收入比较高，是我做秘书时的十几倍，因此我特别珍惜这份工作。

但是在这里打工也让我经历了很多新的东西，比如领略了资本家的苛刻，远没有像过去上司或学校领导那么友好，他会非常直接地说一些话、做一些事，不会在乎打工者的脸面，也绝对不会留情。

有些人被辞退，或者犯了错误被赶走，下午 3:00 通知，5:00 就必须离开，到了 7:00 就没地方睡了，公司的宿舍已经没有你的床铺了，只能出去另找地方睡觉。所以那个时候被开除确实是一件非常痛苦的事情。我印象里和我同期的同事，中午还在跟他的主管喝酒聊天，到下午 2:00，一位姓钟的秘书就通知他被辞退了，晚上住在哪里我就不知道了。

到香港公司打工的经历让我体验了生存的不易，对做人处事多了一些非常理性的思考。我想起《红楼梦》中贾母叮嘱林黛玉的一句话："不可多走一步路，不可多说一句话。"现在来看这句话有些小题大做，但是事实上，人刚步入社会确实应该低头，因为生存是第一位的。

现在有些大学生或刚刚步入工作岗位的年轻人，对职场有太多美好的想象。曾经有个大学生跟我说过，他对自己未来的工作有一些想法，编成了一句顺口溜：位高权重责任轻，钱多事少离家近，工资领到手抽筋，别人加班我加薪。在我看来，这只是调侃，在职场根本没有这么浪漫的情况，现实往往是残酷的，也是最真实的。我曾给大学生讲过一句俏皮话："你埋怨你的老师没有你想象的那么关爱你，是因为你还没有遇到过老板。"在人人都在谈"00后整顿职场"时，我想提醒广大年轻人，可以有美好的想象，最好以它作为目标来奋斗，但是现实中出现的坎坷、不公，正视并接受、适应它，也是人生路上的一次成长。

社会不会惯着你，快速适应是能力

大女儿刚就业的时候，我送了她一个记事本，在记事本的扉页上我写了这样一句话："素质是快速适应文明社会的能力。"我是想告诉她必须赶快适应这个社会，因为社会不可能迁就她、适应她。

大女儿上班没几天，有一次跟我打电话，她可能是碰到了什么为难的事，受到了某种打击。她问我：你写给我的那句话，素质是快速适应文明社会的能力，你认为什么叫"适应"？当时我跟她讲了两句话：第一，尊重你认为智商低于自己的人。第二，遵从你认为不正确的游戏规则。

一个刚步入社会的年轻人必须要了解社会是由非常复杂的人群

构成的。所以初来乍到会在很多方面都不熟悉，不要见什么都看不惯，不要认为这个人没有你读书多，那个人的英语没有你好，或是某个人的签字没有你写得漂亮，就认为人家不如你。

这些都是不对的。如果这个人是你的同事，他在单位立足了，就说明他有他的长处。

如果这个人还是你的上司，那就说明他在其他更多方面比你强，只是你没看到，比如可能定力比你好，耐力比你好，持久性比你好。所以千万不要瞧不起人，刚刚步入社会，一定要学会尊重别人，这些都是非常重要的。我们一定要学会以这种方式来适应社会。

我做职业经理人的那几年，老板是一位比我小五岁的女士。她经常说：我读书少，很多方面好像不如你，如果我出去应聘，连月工资 300 元的文员工作都找不到。我回答她："老板，您可能应聘不上文员岗位，但您可以拿 3 万元雇用 100 个文员。就像我，不也被您多花一点钱雇来了吗？"我内心确实认为老板很厉害，至少看人很准，成本核算很准，对现金流很敏感。

社会有了规则，大家都在遵守，在你没有修改它的能力之前，就必须去遵守它。所以当你没有能力成为一棵参天大树的时候，如果你适应不了遇到的规则，就只能离开它。如果没有办法离开它，就必须委屈自己，接受这种规则，哪怕这个规则可能真的是不正确的。

因此，我一直建议我的女儿去适应社会，不要一味去找回自尊。人一定要为了自己生存下去，或者简单地说为了自己挣得到生活费用，就必须在很多地方委屈自己。

我经常接到一些我的同学的电话，找我帮忙给他们的子女介绍工作，而且还会讲想找一个比较轻松的工作，收入比较高，上司比较柔和等，提出非常多的条件。接完电话，我就在想我的孩子当年大学毕业找工作,她自己去找的,我绝对不会帮她去找工作。这个世界并没有欠你一个工作,而是给你一个谋生的机会,所以你得自己去找这种机会。

大学生是劳动力商品,他应该走向市场,把自己这个商品卖出去,所以他必须自己去寻找谋生的道路,而不是你给他画好一条路,或者你送他一条路,这对他未来是很不利的。

人生一旦入错行,蹉跎岁月好时光

现在大学生到了毕业季到处投简历,有的年轻人投四五十份,而且做得非常精美,到处去投,这种做法实在是不可取,为什么呢?

这种投很多、到处投的行为反映出现在的大学生根本就没有认真地看待就业,所以碰到什么就干什么,对自己怎样谋生,或者自己未来的人生怎样走,是完全没有深刻思考的。

关于年轻人如何选择职业道路,我经常在大学跟学生们讲两点:第一,大学生至少要提前一年盯住自己希望进入的某一个行业,需要至少一年的时间来跟踪这个行业,了解这个行业的人才结构,了解他们需要什么样的人,还要了解行业动态、业务发展的方向、他们在关注什么。第二,最好在这个行业当中找到6~8家企业长期跟踪下去,然后在这里面再选择2~3家,用更多的时间去了解这两三家企业的规模、组织结构、产品、市场,甚至主要负责人的工作特点、企业文化理念以及企业在社会中的形象等。这些方面都要花很多时间去了解,了解得越深,以后接触起来就越方便,求职的命中率就越高。

完全没有任何准备地乱发简历比较荒唐,虽然有人广投简历成功入职,但要想真正找到一个自己喜欢的职业或行业,就一定要去研究，前期的辛苦跟踪到需要的时候才会发生作用。古语说"男怕入错行，女怕嫁错郎"，投简历也应该像找对象一样用心。

为了适应这个社会，本着自信自足的角度出发，人们应该提前准备，不要稀里糊涂，不要草率，自己的人生要自己来负责。

大学生作为一个"劳动力商品"，其实是应该给自己"定价"的，什么叫给自己"定价"？就是自己刚进入社会，了解自身价值是多少，就会知道怎样去找工作。

关于这个问题我想具体说一说。第一，长期以来我提倡大学生应该把毕业后第一年看成读医学院的第五年。医学院的第五年主要内容是临床，相当于初次就业，这个时候是没有收入的。大学生有必要把毕业后第一年的工作看成"临床"，对第一年或第一次就业就不会有过高的期盼。

第二，工资待遇其实应该以能够独立生存下来作为标准。很多年轻人会追求比较高的工资，这是人的本能，但是让自己活下去才是前提条件，如果高工资可望而不可即，那么就应该老老实实想办法先保证生存。所以想一进职场就拿很高的待遇，其实是非常困难的。有的时候即便低薪也得接受，但不要因此躺平或啃老，这是绝对不允许的。

第三，如果家庭条件确实不允许，选择高薪无可厚非，那么反复挑选工作我觉得是可以理解的，如果不是这样，确实应该放弃对于高工资的追求。因为追求高工资，可能要放弃很多别的条件，比如很好的学习氛围，宽松的人际关系和文化环境。所以刚刚进入职场的年轻人不应该太挑剔。

我曾经在《营销人的自我营销》这本书中提出过一个观点，但凡有所成就的人都存在不同程度的"自虐"。人要想有成就，要追求灿烂辉煌的未来，总有一个阶段是对自己内心有所压制的，克制自己的欲望，在生存的底线上挣扎，只有这样做才会有比较好的未来。

最后我再总结一下我的三个观点：第一，不管有多高的追求，有多少的人生设计，有多少浪漫的想象，但是生存下去是第一要务，所以我主张年轻人进入社会就要去挣钱。第二，为了有生存的能力，一开始工作不要太挑剔。第三，年轻人要在很多方面做出牺牲，因为刚刚步入社会，可能无法被他人理解和赏识，所以付出可能不会有太好的回报。

社会不知道你是谁，没有人知道你几斤几两。因此，刚刚进入社会的年轻人要有所克制，用我的话来说就是存在一定程度的"自虐"，修炼好自身坚强的意志，逐渐掌握应对社会的技能，才会有比较好的未来。

7. 如何合理地规划假期

> "普通人只想到如何度过时间,有才能的人设法利用时间。"
>
> ——德国著名哲学家亚瑟·叔本华

寒暑假是孩子们最喜欢的时光,除了陪玩,一些家长可能对协助孩子安排、规划寒暑假没什么概念,以下我依据自己对寒暑假的理解,分享一些自家孩子的寒暑假计划,以及家长在其中可以做的事。作为从业多年的资深管理者,我从管理学的角度来谈谈孩子的假期规划。

搞明白为什么会有寒暑假

为什么会有寒暑假?这个话题可能没有多少人深度思考过。有一种说法是,古时暑假其实叫"塾假",是"私塾"的"塾",塾就是过去读书的场所,私塾在天气太热的时候为了防止学生中暑而放假,所以最早的暑假是指私塾放假,老师也需要休息。后来从私塾的"塾"演变为酷热的"暑","暑假"就出现了。天气太冷也得放假,所以之后又有了寒假。

通过以上分析,寒暑假的目的就很明确了:让老师和孩子能够轻松地度过特别酷热或特别寒冷的天气。所以寒暑假最重要的目的就是让孩子和老师都得到充分的休息,如果老师或家长给孩子安排了过于密集的事务,导致孩子没有随心所欲的机会,就失去了寒暑假的意义。

如果家长认为这段时间应该让孩子努力地"卷",我认为不可取,适当地做些相关的事是可以的。这个时间是属于孩子的,他愿意玩什么就玩什么,还可以满足他过去没有时间实施的某些愿望。

虽然我比较主张给孩子足够的自由,但是有一点我又比较在乎——培养和维持孩子良好的习惯,这是很重要的。我反对家长让孩子随心所欲到把过去的所有好习惯都破坏掉,因为好习惯的养成太不容易了,如果一个寒暑假就把过去多少年养成的习惯破坏掉了,损失就太大了。我认为家庭是培养习惯的"学校",父母是训练习惯的"老师",目的是应该奋斗的方向,目的没搞清楚,讨论再多的话题也是多余的。

企业管理的很多概念在家庭教育中、在生活习惯中、在亲子关系中都可以应用到,在这里我顺便讲一个管理学的观点——勉强成习惯,然后成自然。"习惯成自然"人尽皆知,但是习惯形成的过程是很难的,要通过艰难的努力才能达到,所以要"勉强成习惯",习惯之后就自然而然了。

所以家长在寒暑假中不要破坏孩子良好的习惯,比如早起、定时看书、定时锻炼、按时上床睡觉、定量进食、按时进食,像这些都是不应该破坏的,又如对人礼貌、见长者打招呼、对师长鞠躬等,都是非常好的习惯,不能破坏。

人们一定要按目的去做事,这样人生才是比较快捷的,不会浪费太多的光阴,管理学上有一个观点叫作"由终而始",说的是做事第一步先确定终点,也就是目的,再确定起点。如果比较早地确定了终点,那么就有能力规划好起点,如果起点和终点一开始就设计好了,那么人生就会很有效率。管理学追求的就是效率,所以站在管理学的角度，我认为家长和孩子需要设定自己的目标，由终而始地做设计，这样就可以把寒暑假过得既充实又松弛有度。

规划寒暑假也要因"龄"而异

前面我是站在孩子的角度来讨论寒暑假，而不是站在成人的角度。成人世界是没办法随心所欲的，因为人们有更重要的责任，比如很热的天气，电力不能停，医院的医生还是要上手术台的，食堂还是要提供食物的。不同年龄段的人有不同的特点，要根据这些不同的特点来讨论孩子寒暑假的安排。

关于年龄段，我把人生划分成 4 个阶段，它们的特点是完全不同的。

第一阶段是从孩子出生到进幼儿园之前，一般是 0~3 岁，这个年龄段的孩子最大的特点就是围着父母转，尤其是围着妈妈转，会得到很好的宠爱。这是一个相对自由、相对浪漫、相对随心所欲的时间段。孩子在这个阶段发育很快，尤其是大脑。有句古话说"3 岁看大，5 岁看老"，孩子在 3 岁的时候，由于思想放松，愿意想什么就想什么，则进步很快。

第二阶段是幼儿园到上小学，一般是 3~7 岁之间，这个年龄段的孩子步入了小集体，虽然已经基本上不那么依赖家庭了，但是表现出来的仍然是在家庭当中的生活模式和特点。

幼儿园是一个从个体走向团体、从家庭走向公共空间的过程，但是没有完全走向社会，这时不会对孩子提出太高的要求。这个时期虽然也有社交，有孩子间的交往，但是比较浅显，因为孩子在幼儿园的时间并不是那么多，大部分时间还是回归家庭。

孩子在这个阶段有机会观察社会，但没有机会接触社会；有机会去学习，但没有带任务去学习的机会。这时孩子还处在非常自由的阶段，外界给他的压力和要求比第一阶段多，但总体还是比较少的。

第三阶段是小学到高中毕业，大概是7~18岁，这个阶段就完全不同了，是有任务的，孩子上小学一年级后，老师会布置、批改作业，安排测验和评比，孩子在这个阶段已经开始接受社会的考验，接受各种任务，很多事身不由己。一些孩子在一年级时会不适应，因为与幼儿园的最大差别是有压力和竞争了。

随着年龄的增长，孩子的任务越来越重，也在快速成熟，会受到很多外界的影响，比如被表扬、被批评、受打击，在对比中自卑，在专长中发现优势，产生自足、自信、自满等心理状态，这些都会发生，但是在幼儿园的时候不容易表现出来。

这个阶段的孩子进入了一个社会普遍认同的竞争环境，不管年龄多小，都要适应这个环境。我读书特别早，5岁就上小学了，当时是5年制的，我们村请了一个初中毕业生来教附近的20多个孩子，这些孩子分成好几个不同的年级，坐在同一个教室里，只有这一位老师教我们。老师姓吴，但我从未叫过他"吴老师"，因为在小学期间只见过这一位老师，所以只称呼他"老师"。

我后来写过一篇文章叫《我的老师没有姓》来纪念这位吴老师，文章最后一段写道：我们一直都叫他"老师"，根本不会带上他的姓，就像我只会叫父亲"爸爸"一样，不可能叫"汪爸爸"，这也是我的一个特殊体验。有了老师就有了压力，有了任务就有了对比和竞争。

孩子高中毕业之后，我认为就进入了人生的第四阶段。无论是上大学还是走向社会，走出高中的校门，就已经完全进入了社会。这个时候父母的帮助就非常有限了。从这个角度来讲，这个阶段的孩子，都是处在相同的大环境下去生活，去拼搏，远离父母，完全自己做主，直面社会一切甜酸苦辣。跟上学时完全不同，这就需要孩子有自我管理能力，需要有很理性的时间管理理念，需要合格的智商和情商，需要积累为人处世的经验。

拾遗补缺、扬长避短安排好孩子假期

寒暑假对于孩子来说相当于一整块的时间，家长应该针对这块完整的时间和孩子一起好好规划和安排。

关于寒暑假的安排，我总结了8个字——拾遗补缺，扬长避短。我认为家长和孩子应该遵循这个原则，这8个字包含4层含义。

第一层，拾遗。它是指孩子在校期间由于压力太大，很多的爱好和热情根本没办法得到实现和满足，在寒暑假就可以圆这些梦。

比如孩子很想学游泳，但是在校期间没有整块的时间，那么寒暑假就可以让他集中半个月系统地学游泳，这就是拾遗的概念。

第二层，补缺。我认为主要补三个方面的缺失：第一，父母，比如孩子跟父母在一起的时间很少，尤其是住校生；第二，长辈，跟爷爷奶奶、外公外婆相处的时间少，尤其是离得比较远，跨省跨市；第三，友情，比如好同学、好朋友，像我儿子读初一，他与很多小学同学处得相当好，但是在初一上学期间没有机会跟他们来往，放假时他就有机会跟他们见面，在一起好好聊聊天。

第三层，扬长。这里显然是指孩子的特长，几乎所有的孩子都有特长，在某方面与众不同，但由于上学时没有机会表现和发挥，因此可以在放寒暑假时给他一整块的时间来发挥自己的特长，这是必要的。

我的儿子会一种叫"花切"的游戏，就是花式切牌，把扑克牌玩得像手风琴一样。他特别喜欢这个游戏，在这方面的特长确实也很明显，但是平时没有机会操作，到了暑假他有机会到日本参加一次全球的花切大会，我们也想成全他。但是很可惜，因为票源紧张没有买到票。我们弥补这次遗憾的办法就是让他定制一副属于自己的扑克牌，自己设计、印刷、负责保管和送人，到现在他已经自主设计了三副扑克牌。

他现在13岁，快上初二了，还在陆续设计新的定制扑克牌。作为家长要保护好孩子这种特长，并且让他有机会表现和展示，之后这个特长就会更强，对于孩子来说是巨大的帮助。

第四层，避短。避的是漏洞，我对儿子也不是一味地夸赞，有的方面他做得好，我们欣赏；有的方面有漏洞，我们也会及时指出并让他做得更好。现在的年轻人习惯了使用电脑、手机等电子产品，写字普遍很难看，我的儿子如是，没有他的妹妹写得好看，这就是他的漏洞。

我和儿子约定好，在假期累计练60个小时的写字。专家讲过一句话，1个人一生如果能集中练60个小时的写字，一定能把字练好，至少练得可以见人。我给他找了一个相关的专家，也买了一些练字的工具，做好了填补漏洞的准备。

8. 如何让假期变得更有意义

> "激发生命，让生命自由发展，这是教育者的首要任务。"
>
> ——意大利幼儿教育家玛利亚·蒙台梭利

背对学校走出去

"背对学校走出去"包含以下三层意义。

第一，孩子要拥抱所有在校的不可能，要趁寒暑假去拥抱它，在假期里好好地去见识一下，好好地去体验一次，也包括之前讲的爱好和特长等。家长要让孩子拥抱这些喜欢的事、有趣的事、有热情的事、愿意投入时间的事。我认为在两个方面要做一些补充：一是安全的残酷，要让孩子适当尝试一下有一点点风险的事情，但这些事情在学校是绝对不被允许的。

记得我小女儿10岁时读四年级，有一天她坐在学校三楼的栏杆上，马上就被很多学生告状到老师那里去了，老师知道后立刻就把她拉下来，并且批评了她。孩子坐在三层楼的栏杆上是有一定风险的，老师把她拉下来肯定是对的，但是如果我作为家长，可能不会这么做。

我如果看到孩子这么做，第一，我会在旁边守护着。第二，我会提醒她注意哪些问题。第三，我肯定会让她坐在这里向远处眺望，如果孩子什么事都不敢尝试，碰到稍微有点风险的事情就要打断她，那么孩子未来还有哪些事情敢碰？毕竟，人生不可能从来不碰有风险的事情。

人生本就有很多风险，怎么能不让孩子去面对，所以孩子从小应该适当地去接触这些风险，当然一定是低风险。为此我提出了一个观点叫"安全的残酷"，就是让孩子碰一碰风险，今年暑假我的孩子就回到江西省，到一所警察大学去接受散打训练。

如果不这么做，孩子以后就没有资格和能力应对校园霸凌，特别像我儿子追求的见义勇为就更难实现了，所以我一定要让他学会"打架"。人的一生避免不了竞争，避免不了残酷的斗争，所以从小适当地去接触风险是有必要的。

二是有限的放纵，比如孩子的在校餐，没有太多选择的余地，品种也很有限，孩子就极其受限。那么家长在寒暑假应该让孩子适当去放纵一下，比如品尝更多的美食，偶尔睡一个懒觉，好好去疯狂地运动一下，这些有限的放纵，没什么不可以。比如像我儿子小时候喜欢看纪录片，特别是坦克大战，我曾经有一年暑假让他持续看了三四十个小时，所以让孩子适当地放纵，我认为是可以的。

适度地去接触社会的挑战，有限地放纵自己，这都是我提倡的做法，用我的话说叫作"拥抱所有在校的不可能"，这是我的要求。

第二，孩子在寒暑假当中唯一的必须是"身心两健"四个字。我的意思是背对着学校走出去，就可能要放下很多学校的"必须"，但是我认为学校的那些"必须"大部分都不重要。

真正的"必须"就是身心健康，第一，让自己的身体更棒，第二，让自己的心理更健康，这才是真正追求的"必须"。所以我建议孩子背对着学校走出去，把学校有些交代放下来。

第三，学一点无用，家长要让孩子在暑假里面学一点完全没用的东西。这个世界并非什么东西都是有用的，比如今天晚上你接触了一个哲学教授,我想告诉你,学哲学就是"无用"。我记得有一个哲学家讲过一句名言:哲学唯一的作用就是知道谁在胡说八道。学哲学可以知道什么是正确的,哪个东西最接近真理,这就是哲学的意义。

因此我建议孩子在寒暑假有意识地、主动地学一点无用的东西,当然不能是有害的,比如黄赌毒,坚决不行。

我讲的一个重要观点是背对学校走出去,这里面有三个要求:第一,拥抱所有在校的不可能;第二,唯一的必须不过身心两健;第三,学一点无用。

假期兴趣班究竟报不报

有人问,有必要给孩子报假期的兴趣班吗?关于兴趣班我有两条建议,具体如下。

第一,坚决不要报孩子学校开办的相关兴趣班,孩子平常学习已经够苦了,好不容易放假又要来上兴趣班,不管成绩好不好,这对孩子来说是个折磨。他肯定没有热情去上这个兴趣班,也不会取得多少效果。

第二,如果兴趣班是孩子真正感兴趣的,那么报一个我认为是可行的。比如我儿子在 6 岁就报了一个军训班,独自在北京接受半军事化的训练,这个就很好。他 7 岁的时候报了一个香港的荒野谋生训练班,这个也很好。所以并不是说所有的训练班都不报,但是一定要孩子自己喜欢,跟学校的课程相近的或雷同的训练班坚决不要报,这是关于报兴趣班的我的看法。

家长要培养孩子真正的兴趣爱好,如果孩子没有爱好怎么办?这一定是家长出了大问题,孩子不可能没有任何爱好,只是因为家长过去根本没有认真关注他的爱好。家长一定要认真发现孩子的兴趣,然后培养他的爱好，最后形成他的特长。

概括来说就是观察孩子的兴趣，培养孩子的爱好，形成孩子的专长。

作为家长，我不是特别在意孩子的成绩和排名，更关注的是素质教育。我主要关注孩子在学校的三个问题：第一，孩子上课时精力是否集中；第二，孩子能否做到不带作业回家；第三，孩子有没有时间去做其他自己喜欢的事。

素质是快速适应文明社会的能力，所以家长要培养孩子这种适应能力，这就是素质训练。教育的真实目的就是让孩子离开父母能够活下去。家长在寒暑假里要瞄准这个目标，在有限的区间里让孩子进行尝试。

完成特别的"假期作业"

寒暑假结束了，孩子返校应该做什么？放假了孩子要背对学校走出去，但他终究还是要再次走进校门。我在这里提两个建议，具体如下。

第一，拿出有分量的成绩来代替假期作业。当孩子返校时，有可能没完成假期作业，会受到老师的批评，如果按照我说的方法做，你把有分量的成绩交给老师，那么我相信开明且讲科学教育的老师会理解你的。

举个例子，我儿子在暑假确实把字练好了，相当于完成了一份非常好的暑假作业。当然他做的事远不止这些，他把暑假安排得很满。比如由他妈妈带队，带孩子去日本的小学做考察，这件事他肯定会很有收获，我们要求他写日记，回来他写了六七篇日记，这就是一个不错的收获。

从日本回来之后，我带他到武警学校去练散打，学会之后不但可以强身健体，还可以防身，这也是一个巨大的收获。

然后我带他到老家跟奶奶相处一段时间，拜访姑姑或叔叔等亲戚，修复和补偿一下亲情，包括到汪氏祠堂去，这个也是要做的。再有就是花一个月的时间，每天让他和外教老师对话半个小时，提高他的英语口语能力。

等孩子返校后，拿这些成绩展示给他的老师看，老师是满意的，如果家长很有效地安排了孩子的时间，让他在假期有所成长，那么他是能够向学校交代的。

第二，我们那一代人，包括年轻一代的家长，都有过临时补作业的回忆，没有多少人从第一天开始就拼命做作业，当然现在也有人先把作业做完，再一心去玩。

这是一个心理学范畴的话题，人们吃东西习惯先挑好的吃，最后吃差的，抑或先挑差的吃，留下最好的，这完全是不同的心理状态决定的。

一些人肯定是先吃好的，然后把不好的留到最后。所以孩子在假期结束前的四五天发现作业没做完，临时补作业也是允许的。

我的孩子在寒假结束后返回学校时，他的寒假作业在学校里做了一次评比。他们学校的作业成绩分 ABCD 四等，他拿了个 B 等，跟我说的时候大概感觉有点抱歉，觉得自己没做好。

我对他说："祝贺你拿到 B 等。"他没想到我会这么跟他说。我向他解释："如果你的寒假作业拿了 A 等，说明你过了一个非常糟糕的寒假，也说明你整个寒假一直在盯着完成作业。恰恰我是非常反对全力以赴去做寒假作业的，虽然你的寒假作业只拿了个 B 等，但这说明你的寒假过得比较丰富，所以我愿意祝贺你。"

后来学校放五一长假，我又把他带出去了，他回去就自己做了一个五一之旅的回顾视频，大概两分钟时长，都是他自己拍素材、编文案、配音。我要是他的班主任，看到这么一个两分钟的短视频，而且内容丰富，还是自己做的，我会比较满意。所以我建议家长们认真思考，一定要奔着教育的终极目标去教育孩子，一定要本着科学的态度去教孩子怎样过好一个有意义的假期。

解码中国式家庭教育

第三部分 Three

人生运气好

其实是

习惯培养得好

1. 金钱观影响孩子的幸福感

> "如果你懂得使用，金钱是一个好奴仆，如果你不懂得使用，它就变成你的主人。"
>
> ——美国作家马克·吐温

我儿子想要买一个东西，价格是8元，很便宜。我说："你知道我一定会答应，对吗？你记住，我更多的是权衡它的价值，有没有必要买。"儿子回答："没那么自信，因为人的贪婪是无尽的，一些不是那么重要的事情，我会故意拖一段时间再跟你说；而且我没有把握你一定会给我买，但开口一定是三思而行的。唯一相信你会毫不犹豫给我买的只有书。"这就是我对儿子的金钱观潜移默化的影响。

不回避金钱，正确看待钱

你觉得谈钱是一件很俗气的事情吗？在家长心目中，就金钱而言，长期以来存在两个困惑。

第一，家长，尤其是知识分子家长，总是不太愿意跟孩子讨论金钱的问题。因为中国自古以来重农抑商，更有"视金钱如粪土"一说，但事实上金钱很重要。人们经常会为钱所困，生活中却又避不开，那么不如正视它。

著名文学家郁达夫先生一生穷困潦倒，后来终于靠写作成名，并且拿到了很高的稿费。他第一次拿到很厚的一叠稿费，就把鞋脱下来，把钞票塞在鞋垫底下，很多人觉得很好玩，就好奇地问他："放哪里不好，你怎么把钱放在鞋垫底下？"郁达夫说："其实不是没地方放，这个家伙让我一生遭了很多罪，今天我终于可以把它踩在脚底下。以前我总是搞不到钱，所以我一直为它而伤脑筋。今天终于搞到一笔钱，我就狠狠地报复它一下，就要把它踩在脚下。"

这个故事反映了很多人对金钱的态度是既爱又恨，所以很多家长也是这个态度，不太愿意和孩子谈钱。

第二，改革开放四十多年，很多人经商致富成了令人仰视的企业家。一些人开始追逐金钱，天天谈论金钱，过于在乎金钱，甚至把有钱当作人生成败的唯一标准，这是一个不好的倾向。

所以在这个问题上，我想跟家长们谈谈我的金钱观，分享一下我在教育子女的过程当中，如何表达正确的金钱观。

我认为家长应该鼓励孩子去挣钱，没有什么羞涩的，更不需要回避。比如我就比较早地带孩子上街摆地摊，第一让他们去熟悉社会，第二让他们知道挣钱的艰难，第三让他们知道商业的规则。

我记得第一次带两个孩子上街摆地摊，是把我不用的书和他们不再玩的玩具，摆放在他们妈妈的一张跳舞毯上。我帮他们把每件商品做好标签，摆放好之后我离开了，让他们自己在那里叫卖。当时我儿子8岁，小女儿6岁，他们一开始确实觉得非常尴尬，因为从来没卖过东西，也不知道怎么办，就站在那里，结果根本就没有人搭理他们。而此时，我并未走远，而是远远地观察他们。

后来儿子看到有一个家长带着个女孩过来了，女孩大概也是七八岁的样子，他觉得机会来了，就主动问那个小女孩要不要看看玩具，终于开口了，慢慢地，很多带小孩的妈妈都来到地摊前向他询问，他跟她们一一介绍，就这样一点点坚持了下来。他们先前的尴尬几乎不见了，自如了很多。

约莫两个小时下来，一直到晚上 20∶30，兄妹俩一共卖了 190 元。之前我们已经约定，晚饭我不负责，他们用卖东西的钱解决晚饭。那天晚上其实我是挺感动的，兄妹俩不愿花太多钱去吃晚饭，因为挣 190 元对他们来说是很艰辛的，所以特别舍不得用，两个人的晚餐只用掉 20 元。

我觉得这个效果非常好，当然还有一个细节，后来我们在回家的路上孩子跟妈妈打电话说，允诺的一杯咖啡能不能换杯速溶咖啡，因为品牌咖啡比较贵。一杯咖啡钱让孩子知道了赚钱的艰辛，自己赚的钱也知道省着花了。

这一次训练之后，我们不断地去做相似的训练。儿子上了小学之后，自己会设计很酷炫的扑克牌，然后到牌厂定制，回来后加一点价卖给喜欢这个文创产品的同学。整个小学六年，他一共挣了 1500 元，对于此事我是比较支持的。上中学后，儿子开始扩大规模。第三次设计的扑克牌，可能是创意特别好，竟然众筹了 19000 元，其中一定有他文创的利润吧。

很多家长认为孩子好好读书就行，为什么还要去挣钱？其实不是说他挣钱有多大价值，而是挣钱的过程对孩子一辈子的帮助是非常大的，主要有三点：第一，让孩子对金钱有一个正确的看法；第二，孩子以后用钱就会倍加珍惜；第三，孩子会动脑筋去挣钱。

我大女儿当年读大学的时候，在学校也开始做生意。第一次是大包批发零食拆成小包卖，后来就开始往外出租图书，一本一天一元费用。孩子在大学期间挣一点点钱，我是支持的。我想跟家长们说，不要回避金钱，同时要鼓励孩子学会挣钱，甚至让他们尝试经商。

有了金钱也要注意，不要让孩子炫富，不要奢靡放纵，否则会产生负面的结果。中国古代历史上有很多这样的例子，比如石崇炫富最终招致杀身之祸。所以做家长的在金钱问题上，一定要给孩子一个清晰的观念：一方面可以公开讨论钱，不要羞于讨论，也会支持孩子去挣钱；另一方面对金钱要有一个正确的态度，不要奢侈，尽可能节俭，当然更不要炫富，否则会带来灾难。

我给孩子的六个金钱观

我在金钱观上有些重要的观点传递给了我家孩子，希望他们能够真正地接受，这是我积累形成的一些基本看法。我给孩子们的金钱观包括以下几个方面。

第一，生活需要金钱，钱财不是粪土。中国有句谚语：钱财如粪土，仁义值千金。我记得哲学家金岳霖曾对这句话有一个调侃："既然金钱如粪土，仁义又值千金，那么这个仁义不也是粪土吗？"因为千金本来就是粪土，所以逻辑上讲不通。我是从另外的角度认为"钱财如粪土"这句话是错误的，金钱如粪土好像人们对于金钱极其不屑，但事实上没有人能够避开对钱财的需要。家长要对孩子有明确交代，生活需要金钱，不能视钱财如粪土。

第二，孩子从小要学会挣钱。就像前面所讲的支持孩子去卖东西换钱、支持孩子在学校挣钱等，虽然他们有压岁钱，实际生活中也不缺钱，但是有这种挣钱的愿望非常好。有了零花钱或压岁钱怎么管理呢？我认为需要父母协助孩子，这样做对孩子有三个好处。第一，让孩子看重金钱，不会随意挥霍；第二，让孩子做事有计划性，日常开销也会有计算；第三，孩子有意识地主动去挣钱，能够更早地有能力养活自己。

我家孩子个人零花钱的管理，有5个做法供大家参考。

第一，是把大额的零花钱存到银行，并且给他开个专用的账户,只留下 200 元左右的零花钱在身边就够了。第二,他需要用零花钱时要跟父母商量,因为正常的费用由父母来承担,不会占用孩子的零花钱。第三,每周父母给他 20 元零花钱,由他自由支配,让他逐渐形成计算的概念。第四,不主张用零花钱买东西作为节日礼物送给父母,我们会鼓励他动脑筋,自己动手做,哪怕是画一幅画,总比花钱买东西要好,因为钱并不是他的;而且我们也不主张用金钱来激励孩子参加家务劳动,因为家务劳动是他必须做的事情。第五,孩子关心他的总存款,我们可以及时向他通报,包括利息的增长。

第三,一定要思考未来到底靠什么方式挣钱。我鼓励儿子初中开始学着进入股市,知道股市是个什么概念,什么时候进入比较合适,什么时候不要进入,让他有所思考。通过研究股市,让他逐渐了解中国企业,了解中国行业,了解中国产业,了解中国经济。自从让他准备进入股市,他就有意识地研读《半岛经济学》,主动把"通货膨胀""广场协议"等概念搞清楚。从初中开始对经济有所涉猎,这对他未来的一生肯定是有巨大帮助的。同时我也鼓励他去思考未来挣钱的路径问题。

第四,钱财让人自由。我出生于一个贫困的农民家庭,从小长期被钱所困,解决吃饭问题都非常困难。我很长一段时间一直处于缺钱的生活状态,1992 年,我 29 岁才基本摆脱了贫困,2000 年我到香港的一家企业当总经理,才真正实现了财务自由,在金钱上解放了自己。

如果没有财务自由,人在其他方面就很吃力。我记得有一句话讲的是人生一定要追求三个自由:财务自由、时间自由、思想自由。我认为后面两个自由一定要有前者作保障,否则根本做不到。一个人要想实现自己的抱负,应该尽快地解决财务自由问题。人生的经历告诉我，实现财务自由很重要，所以家长要通过各种方式把这个观点传递给孩子。

第五，被钱财所困，本身也是一种无能。人们一定要意识到不会挣钱也是一种无能。在现代社会，如果你付出了非常多的努力，结果对于挣钱一无所知，或者根本就无计可施，那么这是无能的表现。所以我非常反对年轻人躺平啃老而不想办法挣钱，先不要说对社会有什么贡献，你至少要对自己的生命负责。为自己负责，第一件事就是养活自己。如果连养活自己的能力都不具备，这就是一种无能。

第六，挣钱看能力，花钱看人品。虽然我非常强调挣钱，但是我更加强调花钱，因为花钱可以看出一个人的人品和人格。从这个角度来说，家长不仅要给孩子灌输挣钱的观念，还要给他们灌输花钱的观念。

那么花钱到底应该怎么做？我也有三个观点。

第一，花别人的钱要清醒。不要因为是别人的钱而大手大脚，包括父母的钱。所以我的孩子在外面点菜，绝对不会乱点，而且他要买什么东西，一定会征求家长的意见。所以用别人的钱必须要清醒，必须要尊重别人，这是一个非常重要的花钱的基本规则。

第二，与人相交，钱财一定要区分清楚。区分清楚就避免了很多的纠纷和矛盾，我是不太主张那种不清不楚就花钱的。比如很多人经常在一起聚会，然后谁也不说清楚今天谁花钱，最后搞得很尴尬，有人装大方，有人不舒服。所以说清楚能够避免很多矛盾和纠纷。因此家长要给孩子强调与别人相交，在钱财的问题上一定要分清楚，这不是因为小气，而是反映一个人的人品，而且也减少了很多不必要的麻烦。

第三，必须的成本不分析多大，不必的浪费不讨论多小。必须花的钱，必须投入的成本，不去分析它有多大，要不迟疑地花出去；不该有的浪费，不管它多小，也不能挥霍。比如我们经常要求孩子把没有喝完的矿泉水带走，虽然半瓶或 1/3 瓶矿泉水不值多少钱，但是不能因为不值钱就浪费。我认为浪费哪怕再小也不允许，必要的开支哪怕再多也不可惜，这是家长应该思考的问题。

我们用了很多做法来保证这种观念的落地。我举一个跳水女王郭晶晶的例子。

郭晶晶虽嫁入豪门，但生活中其实非常简朴，她穿的衣服丝毫不起眼，或者说很多人都看不出来她是一个豪门贵妇。她对孩子的教育，同样是穿打折的衣服，甚至让孩子帮爸爸擦车来挣零花钱，还带着孩子一起到农田插秧，这些是很多人做不到的。

她为什么有这样的消费观念和金钱观？直到我看到一个视频才完全明白了，因为他的父母一直就是这样。

郭晶晶嫁给霍启刚的时候，霍家举办了一场非常豪华的婚礼。霍家给郭晶晶的父母送了一份厚礼，一个价值千万元的钻戒，另一个是 1100 万元的彩礼，甚至还承诺给她一套价值过亿元的北京四合院，但是郭晶晶的父母全都婉拒了。因为他们认为自己现在生活得很好，不需要多余的财富，女儿不是为了钱才嫁入豪门，不想用嫁女儿的方式从豪门谋取多大的利益。去参加婚礼的时候，她的父母刻意没有乘坐霍家的私人飞机，而是自己坐大巴转到机场，然后乘坐民航飞机去香港出席女儿的婚礼。

婚礼上霍家觉得对他们二人没有照顾得太好，后来霍启刚的父母就用赠送一辆劳斯莱斯向郭晶晶的父母表示歉意，但是郭晶晶的父母淡然一笑，说这些东西都无所谓，只要女儿在你们家生活得好，你们对她很尊重，对我们来说就够了。所以我认为郭晶晶的金钱观是父母给她带来的，而且她也一定会把这种金钱观传递给她的孩子。

关于孩子的消费观问题，在这里我提倡三点。

第一，活在当下，把今天过好；第二，不主张年轻人一味地超前消费；第三，一定的储蓄是需要的。

因此，家长在金钱的问题上一定要有正确的态度，传递并帮助孩子树立正确的金钱观，这样对孩子是一个很好的帮助；不要给孩子一些不好的影响，让他们产生错误的金钱观，这样会影响孩子一生的幸福。

2. 管理好时间才能管理好人生

> "时间是一个伟大的作者，它会给每个人写出完美的结局来。"
>
> ——英国影视演员查理·卓别林

曹操在《戒子植》一文中云："吾昔为顿丘令，年二十三。思此时所行，无悔于今。今汝年亦二十三矣，可不勉欤！"曹操借自己23岁时已经有所作为，勉励同样也是23岁的儿子曹植要积极上进，不要浪费大好时光。

23岁要好好规划自己的人生了，古人如此，今人也应该这样。我很早就有写日记的习惯，也曾经写过一段类似的话。我说人们常常计算自己的财富，却很少有人计算自己的今天，殊不知今天就是财富，财富却买不来今天，昨天再美好，但是已经过去，明天再绚丽，但是还没有到来。

影响时间管理的"三大杀手"

时间宝贵，但时间其实是不存在的，当你说时间这个词的时候，这一秒就已经过去了，因此生命只争朝夕。亦如《论语》所言——"子在川上曰：逝者如斯夫！"因为时间很快就会过去，人们需要对时间进行有效的规划。我一直认为时间是生命，如果说值钱的话，它只是个比喻，时间就是金钱，效益就是生命，这只是一个计算方式。事实上，时间当然是金钱，但金钱不等于生命，金钱不等于时间。

从这个意义上讲，人们怎样对待生命，应该看怎样对待时间。富兰克林说过：不要浪费你的时间，因为时间是组成生命的材料。因此时间管理伴随着人的一生，而它最终决定你整个生命的效率。

所以一个人的时间管理水平如何，直接决定了他生命的效率，或者说决定他生命的意义。

一个人要做到高效的时间管理确实不容易，影响时间管理效率的因素主要有三方面，也就是时间管理的"三大杀手"。

第一，拖延。我曾经在一次课程中明确提到"懒"和"惰"的区别，我认为"懒"其实是主观上不想做事，"惰"是确实没有做事就被耽误了。拖延表现在"惰"上。很多人其实并不懒，但是经常"惰"，"惰"是很难克服的缺陷或缺点。很多事总是耽误，那么你的时间就浪费掉了。

第二，犹豫不决。很多事情没有及时地投入时间去做，总是在规划或鉴别当中，因此长期委决不下，最后就在反复斟酌的过程当中耽误了最好的时机，这个也是时间处理上一个很大的缺陷。人们经常没有智慧地给自己的时间做出最佳的决策。

第三，目标不明确。即根本不知道自己该干什么，没有一个明确的目标。当然这个"该干什么"又分层次，有的人是不知道自己一生该干什么，有的人是不知道自己某一个时间段该干什么，有的人是不知道自己当下应该干什么。无论是长期的、中期的还是短期的目标，如果总是不清楚，那么很难将自己的时间有效地管理起来。

时间管理的七大基本常识

时间管理伴随一生，而最终决定你的生命效率。在孩子们面前，我很早就给他们普及一些时间管理的基础知识，一般来讲是从以下七个方面来考虑的。

第一，规划自己的时间。这是人生规划的入门，比如有效人生按照80岁来计算，前20年几乎做不了什么事，都是学习和成长阶段。到了60岁以后，甚至70岁也是做不成什么事的。所以真正有效的人生也就40来年，最多50年。

清华大学前校长蒋南翔曾提出个口号——"为祖国健康工作50年"，但真正做到50年的却很少。如果这50年除去睡眠、娱乐、社交、吃饭等时间，真正有效的时间大概也就13.5年，当然这个数据现在肯定会有变化。但事实上有一点是可以肯定的，人们用于规划的时间是非常有限的。因此我跟孩子们讲人生规划要从时间规划开始，这是一个非常重要的教育内容。

第二，把自己能够掌握的时间完全填满，不要让自己感到无聊。我曾经跟儿子讲，这个时间哪怕你做了一件觉得不值得的事情，但是你至少是在做事情，总比你什么都不做要好。所以在规划时间的问题上，必须把自己有效的或能够拿来用的时间填满，这个非常重要。

第三，精准划分时间单元。把自己一天的时间划分成几个单元，像我儿子在学校读书，我就只能把它简单地划分成三个单元：一是在学校的阶段，二是回家的阶段，三是周末的时间。每一个单元又可以细分成若干单元，比如周末的时间可以分为早晨、上午、下午、晚上等。

这样他就会把学习兴趣爱好、参与社会活动或体育锻炼等有效地组织起来，较早地学会在有效的时间单元内做他自己感兴趣的事情，并且把这个时间单元相对塞满，这就是一个很好的技术，所以学会划分时间单元是时间管理非常重要的一个手段。

第四，学会寻找自己的生物钟。比如孩子在学生阶段，一般都起得比较早，晚上要求睡得早一点，那么就要考虑自己哪个时间段是最有效的，或者哪个时间段是体能最好的，哪个时间段是思想最活跃的，哪个时间段是思想最自由的，孩子就可以利用自己的生物钟来安排好自己应该做的事情。

比如我儿子写作文，我一般都是强调他放学之后在家里吃完晚饭，或者是吃完夜宵，然后用非常安静的这段时间来写，白天只是去思考、打腹稿，或者只是去做相应的细致观察。没有干扰的时间段内完成作文，对他的写作会有很大帮助。关键一定要找到自己的生物钟，了解自己的生物钟。

第五，交叉作业。一个人在很长的时间段里只做一件事，非常容易疲劳，所以在时间规划上一定要交叉。就像学校里面的课程安排一样，比如中学一般是45分钟一节课，那么上午排成两节，语文或数学，课程安排交叉起来，不可能上午都是语文或数学，有的时候还会插进一些副课，让学生有紧、有松、有张、有弛，这样一来就不至于那么疲惫。交叉作业是时间管理非常重要的技术。

第六，四象限图分析。把重要的和不重要的事件，紧急的和不紧急的事件做一个四象限图进行分析，然后进行排序，哪个时间段完成哪些事项，这样孩子不至于那么疲惫和慌乱。学会做四象限图分析，就能够好好规划自己的时间模块，所以我在孩子很小的时候就开始让他们学会做四象限分析图，这样就能很好地进行时间管理。

第七，培养专注力。孩子要从小培养专注力，上小学再培养可能已经晚了，我觉得应该从两三岁就开始培养。孩子如果专注力不够，那么他的时间管理很难达到非常好的效果，时间使用效率一定会比较低。所以专注力的训练非常重要。

AI 时代提高时间使用效率的四点建议

现在社会进入了一个科技的时代,或者叫信息时代或 AI 时代,人们如何运用新的方法来提高时间的使用效率呢?我认为以下四个建议非常重要。

第一,要学一点目录学。学目录学的目的是对海量的文件进行收纳和整理,然后做索引,这样就会在信息收集上快人一步。现在信息量太大了,但有用的信息使用率非常低,因此你的时间使用率就低。所以要学一点目录学,给自己做收纳、做索引,提供一点技术支持。

第二,要熟练使用计算机。尤其是微软的视窗系统、办公系统,比如一般的文档、Excel 表格、PPT 制作等一定要熟练地使用。这些软件使用率太高了,如果不熟练使用,工作起来时间效率就非常低。

第三,学会信息产品的交互使用。比如手机、台式机、电视机以及其他显示器,要学会互联互通、交叉使用,这个也很重要。这样你就可以因地制宜,哪里都可能成为办公场所,时间使用效率当然就高了。要学会在两个不同的终端间进行交叉串联,特别是在手机终端和电脑终端的交叉,这样随时都可以工作。

第四,熟练运用大模型语言工具。接触各种不同的机器人,如果有条件尽可能去接触,我记得在儿子读小学的时候,几乎每一年的寒暑假我都会带他去接触一些新型的工厂以及机器人,包括整个最终的指挥中心或智能控制中心。像这些东西一定要让孩子提前接触,这样他就会有一些现代意识,以后再接触到机器人,就不会陌生。

记得 15 年前，我就在日本看过机器人打鼓，13 年前我就在德国看到机器人制做机器人，所以我对机器人不会有陌生感，而是有亲切感。当然现在机器人已经开始大范围应用，包括一些非实体的机器人也出现了，像 ChatGPT 和中国的文心一言等。所以我建议孩子要提前或及时安装文心一言这样的机器人应用，它们可以帮助我们做很多的事情，最终达到有效的时间管理目的。

总之，所有的时间管理最后只有一个目标，就是提高时间的使用效率，因为时间的效率高了，生命价值同样提高了。人类恐怕很难有能力延长自己的寿命，但是可以充分使用自己的生命，最终达到延长自己寿命的目的。

智能时代的到来给家庭教育带来了哪些新要求

我以客观存在的生产力为标准，把人类社会划分为 4 个阶段：第一阶段是渔猎社会，生产力为零或极其低下，人类只能随机生存；第二阶段是农业社会，因为火和种子的发现，人类可以种植粮食，生产力开始形成；第三阶段是工业社会，以内燃机和电的发明为标志，生产力冲破了人的体能极限；第四阶段为智能社会，标志是互联网和机器人的发明，生产力再一次突破人的脑力极限。

网上有句经典名言："用农业时代的思维和见识试图教育工业时代的孩子迎接智能时代的到来。"现在的孩子就正处在工业社会向智能社会转型的阶段，各类机器人相继问世，让孩子既兴奋又新奇，但家长的紧张和恐惧也随之而来。

美国发明的机器人沃森，为一位病例阅读医学著作 34689 本、浏览医学论文 248000 篇、查阅临床报告 106000 份，为这一病例找到了 69 种治疗方案，最后优选决策出 3 个方案，前后用时 17 秒钟。农业时代和工业时代的医生们，怎么可能有这个水平？

有一位中国"美女"叫崔筱盼，漂亮得没有缺点。她是一位智能机器人，是2021年2月1日正式入职的万科员工，是由万科"龙抬头"科研小组开发的智能机器人，有很强的学习能力，持续接受系统算法的训练，极短时间里学会了高级管理人员都很难掌握的在流程和数据中发现问题的方法，对万科大批量的应收款和付款预期的合同提出警示，顺带发现各部门的工作异常。由于它是虚拟人，除了长相吸引人，声音也极为甜美，催办的预付应收逾期单据核销率达到9144%。其他相同岗位的万科员工怎么会有她的工作能力？

美国劳工部早些年就在惊呼：65%的小学生将会在长大后从事现在完全不存在的工作岗位。美国南加州大学教授沃伦·本尼斯更是形象而幽默，这位做过前总统里根与J.F.肯尼迪顾问的专家形容人工智能："未来的工厂只有两名"员工"，即一个人一条狗。人的职责是喂养狗，狗的任务是让人不要碰机器。"

我们的企业管理研究团队经过研究得出了以下结论。

容易被ChatGPT取代的行业具体如下。

① 客服。

② 数据录入和处理。

③ 翻译。

④ 简单行政和文员。

⑤ 会计和财务报表制作。

⑥ 市场调研和数据分析。

⑦ 制造业自动化和机器人技术。

⑧ 交通和物流。

⑨ 新闻写作和内容制作。

⑩ 法律助理。

⑪ 零售业。

⑫ 银行业。

因为人工智能的加速，生产力极速提高，就业率将不再成为经济学指标。眼下大学生就业形势已经异常严峻，智联招聘的调研报告显示，2024年暑期普通院校本科生的offer获得率仅为43.9%，而硕博毕业生的获得率只有33.2%。

于是有很多专家学者强烈呼吁放慢人工智能的发展步伐，阻止机器人抢占普通劳动者的工作岗位。虽然出发点是善意的，但最终根本不可能有效地阻止技术的发展和时代的进步。就像我们不可能为了数百万的高速公路收费员的岗位保护，而把高速公路的电子收费系统全面取消；中国的商业机构已经基本上没有收银员这一岗位了，会取消各种信息化的支付方式吗，而只为了留出上千万的收银员岗位？

传播学之父威尔伯·施拉姆指出：如果人类的历史只有一百万年，假设这等于一天。这一天的前23个小时人类传播史上几乎全部是空白，一切重大的发展都集中在这一天的最后7分钟。所以，我国有线电话普及率从10%提高到40%花了39年，但手机普及率从10%提高到40%只花了6年，而由于苹果手机的出现让手机变成终端更仅仅只花了4年时间。

这个世界变化这么快，教育也应该考虑怎么紧跟时代。学校教育尽管改革得比较慢，但家庭教育是不是应该快速跟进，及时弥补学校教育调整较慢带来的缺失？否则你的孩子"卷"了十几年，得到的那点知识，真正的现代人只需要花10分钟就可以完美搞定。家长们，及时觉醒吧。

3. 良好的第一印象来自礼仪

"礼仪是人类文明的门户。"

——古希腊哲学家柏拉图

不论是与相识多年的好友畅聊，还是与初次相逢的陌生人相处，人们都要面对一个很重要的话题，那就是礼仪。人类早期的礼仪是祭祀性质的，主要表现为对大自然的敬畏和尊重。现代社会的礼仪主要定位在交往活动中，在仪容仪表、言谈举止等方面约定俗成的行为规范。它是人们应该共同遵守的最基本的道德规范，是个人思想道德水平、文化修养、交际能力的外在表现。

礼仪，我认为是每个人都应该具备的基础素质。古人在教育方面规定了六种科目，也就是六艺，指的是礼（礼节）、乐（音乐）、射（射箭）、御（驾驶）、书（书法）、数（数学），其中"礼"被放到了首位，可见古人对这门课是多么重视。通过观察，我发现身边一些人在礼仪这方面是需要进步和提升的，包括他们的孩子从小也缺乏相关教育，这是需要广大家长引起重视的一个问题。

礼仪是获得他人尊重的第一步

为人处事为什么要这么强调礼仪呢？我记得女儿刚刚就业的时候，我有一次给她写信，其中有一句话是：你很难有第二次机会改变人们对你的第一印象。

在和别人交往时，你给别人留下的第一印象一定来自礼仪，对方首先会观察你在礼仪方面是不是表现得当，因为初次接触只保持在一个很浅的层次。所以我跟女儿说："你不要寄希望于你的老板会认真看你的毕业论文，他也不会考察你的英语到底有多流利，但是他一定会看你怎么跟人打交道，第一句话怎么说，对别人是否尊重，讲话是不是得体，这些问题都是别人与你初识时会发现的。如果在打交道的过程中，对方对你的印象不佳，那么后面你再想扭转这种印象就会很难，况且对方很有可能就不愿意跟你打交道了。"

洛杉矶湖人队有个球星叫沙奎尔·奥尼尔，虽然我对篮球是不太熟悉的，但是他的故事给我留下了很深的印象。我记得他的身高是2.16米，非常高，他在中学的时候坐在那里就显得鹤立鸡群了。同学在跟他对话或一起玩的时候，经常要仰头看着他，这使他很不自在。

沙奎尔·奥尼尔有一次回家后跟他爸爸诉说了这个烦恼，他的爸爸讲了一句意味深长的话，这句话我后来也讲给我所有的子女听：既然大家都要仰头和你说话，那你就给他们一个仰视你的理由吧。

每个人都需要给别人一个仰视自己的理由。当然了，即使没有条件获得别人的仰视，至少要平视，不要让人俯视。礼仪是获得他人尊重的第一步，所以特别重要。

我经常去韩国，因为我有6本书翻译或韩文出版，一位韩国朋友的做法让我非常感动。某次我去韩国，他听过我的课，当时他的体重是147斤，一年后我再去韩国讲课，又碰到他，他身体发福了，体重增加了近20斤。

他后来听说我还要来讲课，就给自己暗暗设定指标：恢复到第一次认识我时的身体状态。他用60天减掉了20斤体重，再见面时，他已如初，这件事很打动我。当然我并不值得人家这么对待，但是可以看出，越是他尊重的人，他在礼仪上越是注意。

我后来找到他问道：你为什么要这么做呢？他跟我说：一个人如果能力不够，但是能懂得礼貌，懂礼仪，那么他哪怕去讨饭，也可能讨得到。如果这个人很有能力，但是根本不懂礼仪，跟任何人都合不来，有可能会饿死。这一段话给我印象很深。

切莫忽视礼仪中的小细节

我曾经给女儿写过一封信，内容是待人接物的36条建议，其实就是36条礼仪细节，或者叫礼仪标准（《给女儿接人待物的36条建议》，见附录2）。信中我写道：作为年轻人，作为学生，作为晚辈，如果跟自己的师长一起走路，应该走靠近车的那一面，把更安全的那一面让给对方，这就是礼仪。上电梯，可以先上，但是要帮其他人按各自要去的楼层；下电梯，可以扶住门让别人先走。如果跟我的同事或朋友见面相处，如果你不知道该叫什么称呼，就把对方看作长辈，比如可以叫叔叔或老师。

父亲的同事就是长辈，称谓就跟年龄无关了，所以礼仪上有很多细节是值得关注的。当然礼仪是讲不完的，我给女儿的36条建议之外还有很多东西无法穷尽。

比如点菜的时候，要尽可能让主人点，特别是第一道菜。这样做才能确定接下来的用餐标准。如果你稀里糊涂地随便点，若标准太低显得主人接待不周；太高可能会超出预算，让主人难堪，所以第一道菜让主人点是合理的。

古时，成年人在饭桌上没有动筷子时，孩子是不能随便拿的，特别是爷爷、奶奶等大长辈没有动作，其他家人是不能开动的；客人没有拿起筷子，主人就不能动筷子。又如倒酒，跨过他人给另外的人倒酒，让别人无法动筷，是不妥当的。

通过观察，我发现以上这些离生活最近的饭桌礼仪，有些人做得不好，特别是一些孩子由于没有接受过这方面的教导，表现出的礼仪素质还有很大的提升空间，这些都是家长应该特别重视的。

求人办事也讲究很多礼仪细节。我最近几年有很深的体会，之前我在这方面不太敏感，第一我确实很少求人，第二也没什么人求我。这几年慢慢会有一些这方面的事找到我，我发现其中有一条规则很重要，就是请求方一定要给被请求方留有拒绝的余地，请人办事不要咄咄逼人，不要让对方感觉这个事非办不可。

因为任何人都有自己的难处，被请求帮忙的人如果拒绝，其实是他的正当权利，是很正常的。所以在求人办事的时候，不要在口气上使对方感觉到没有退路，我也是活到老学到老，生活中方方面面都有可能涉及礼仪，所以礼仪是根本学不完的。

礼仪做到位，人生受加持

学习和注重礼仪可以跟身边的人相处得更加融洽，让人更加自在，不会感觉到不舒服，让对方感受到被尊重，让身边所有人都不尴尬，这是最重要的目的。

之前我在网络上看到这样一句话：**我以为别人尊重我是因为我很优秀，后来才明白是因为别人很优秀**。受别人尊敬并不说明自己有多么了不起，值得他人礼貌相待，而是对方做人优秀，修炼到位。讲到礼仪，我想顺便说一说关于批评的问题，很多人礼仪做得很好，但是在提醒别人，甚至是指责批评别人的时候经常会犯错误。

文学家歌德曾经讲过一句话，他说最足以显示一个人品格的莫过于他嘲笑的是什么。比如别人的不足、别人偶然的失误都不是什么大事，没有必要去嘲弄指责对方。如果在不恰当的时候指责了别人，会显得自己的品格不够高尚。

美国电影协会前主席杰克·瓦伦蒂曾经讲过一句话："当你伸出两个指头指责别人的时候，余下的三个指头恰恰对着自己。"这句话告诫人们当想要指责别人的时候，应该更多地思考自己哪里做得不够好。

相传明朝有个大官叫钱宰，经常要早起去上朝，他就写了一首吐槽诗：四鼓咚咚起着衣，午门朝见尚嫌迟。何时得遂田园乐，睡到人间饭熟时。古代的夜晚是有专门敲鼓的人来值更的，四鼓就是指四更天，大概相当于现在的凌晨三点。我从书上看到过，那个时候的官员很早就要起来，更衣梳头，整理洗漱，差不多六点左右上朝，皇帝处理个把时辰，然后才让大家回到各自的府衙去办公。

所以钱宰吐槽自己起那么早去上朝，皇帝还是会嫌他们迟到，什么时候能成为一个庄稼汉，睡到早饭熟了再起床啊！他的宣泄，或者是不满，当然也有可能只是发个牢骚，被皇帝朱元璋无意中知道了，在钱宰第二天早晨上朝的时候，朱元璋就问他：我什么时候怪你上朝迟到了？我记得我从来没有怪过你。钱宰吓坏了，赶快跪下来谢罪。朱元璋就笑着说：你这首诗能不能改一个字，把尚嫌迟的"嫌"改为"怕"？你害怕是你的心态，并不是我嫌你迟到，不是我的问题。

朱元璋其实是觉得这首诗不够礼貌——明明是钱宰自己的问题，皇帝可不背这个"锅"。当然这是个玩笑，但是确实可以看出来，人做任何事都涉及一个礼仪的问题。

左宗棠在出名前一直在老家用功读书，机缘巧合下，他的人生发生了重大的转机，而贵人就是人们非常熟悉的虎门销烟的林则徐，他有一次经过长沙的时候，点名要见左宗棠。左宗棠受宠若惊，匆匆忙忙地跑去见林则徐，结果路上一不小心掉进了路边的水坑，浑身湿透。

林则徐见他第一句话就是：这就是你给我的见面礼吗？落汤鸡一样来见朝廷命官显然很不得体，但是他很欣赏左宗棠，就用一句玩笑话带过了。这其实反映出林则徐态度很友好，也源于对优秀后生的包容。后来他把自己未竟的事业全部托付给左宗棠，特别是把关于新疆收集到的资料和画出来的地图全部交给了左宗棠，并对他说：吾老矣，空有御俄之志，终无成就之日。数年来留心人才，欲将此重任托付。

后来左宗棠果然没有辜负林则徐的重托，现在来看当年他急着见林则徐的时候，掉到水坑里浑身湿透的不礼貌，也就成了一个笑谈。这也说明了并不是每个人都能遇到这样大度、包容的人，很可能你的才华因为一个礼仪上的小失误而被埋没。所以我提倡还是要把礼仪做到位，让别人感受到被尊重，你才会得到更多的亲近和庇护，以及帮助和加持。

我在处女作《营销人的自我营销》一书中说过这样一句话：阅历书写简历，功课积累文章，知识凝练著作。阅历书写简历讲的就是为人处世，为人处世从礼仪开始，因此阅历越广，礼仪越到位，简历就越丰富，当然就更容易被人接纳。

4. 健康的体魄才能适应长跑的人生

> "有规律的生活原是健康与长寿的秘诀。"
> ——法国小说家巴尔扎克

前文提到身心健康对孩子的重要性，接下来我想针对身体健康谈一谈我的看法。一个健壮的人，身体能应对极高的外界压力，抵抗疲劳，有持久的耐力，在这一点上我深有体会。我在青少年时代学习了8年武术，这个经历对我一生都非常有帮助。有时我的工作量会非常大，一年当中可能要乘坐上百次飞机、高铁等进行远途旅行，我没有觉得有多疲惫，还是能够适应这种高强度工作的，这就是身体真正意义上的健康，使我能够迎接各种挑战，确实能够为人生的长跑做好足够的准备。

人的身体健康受5大因素决定，各自的占比如下：一是父母遗传，占比15%；二是社会环境，占比10%；三是自然环境，占比7%；四是医疗条件，占比8%；五是占比最大的生活方式，达到60%。所以我一直认为健康的前提是选择好的生活方式，以及养成好的生活习惯。

生活作息中的八大细节

关于生活作息的养成，以下是我自己的一些积累和思考，只做讨论，不做指导。

第一，养成早起的习惯。我的儿子正在读初中，他每天早晨六点半左右起床；我也是如此，偶尔加班到凌晨两点，早晨仍然是六点半左右起床，最迟不会超过七点。我没有睡懒觉的习惯，认为早起不仅对身体好，而且对意志力的训练也非常好。

第二，按时排便。因为人体运行的流畅程度主要从"二便"反映出来。身体经过一整夜的运作，总会有些废料需要排除，如果可以按时排便就是非常好的生活习惯。现代社会，马桶已经很普及了，但是不能久坐，防止便秘，时间久腿脚也会因压迫而麻木，这些都需要注意。

第三，"三三制"刷牙。所谓"三三制"就是每天刷三次牙，每一次刷三分钟，当然能做到这点确实不易。我认为早晚刷两次、每次三分钟是比较好实现的，我也是这样做的，而且刷牙之后绝对不再吃东西。

第四，养成打扫和及时收纳的习惯。只有这样才会让自己的心境不会因为找东西而被破坏，也是让生活更舒适的一个必要条件。

第五，春捂秋冻。春天要捂着一点，不要太快换下厚厚的冬衣，因为春寒还在，不要觉得天气已经转暖，马上就换上薄的衣服，这样很容易在季节转换的时候出问题。同理，秋天要冻，从夏到秋，天气慢慢转凉，这个时候不要添衣添得太快，否则难以抗拒真正寒冬的到来，就会特别畏冷。

第六，人在入睡前的放空。一定要让自己平静，不仅是指不吃东西，让身体没有负担，还要在心理上没有负担，这一点比较难，但是一定要训练，长期训练让自己的大脑放空，平静下来，对于深度睡眠非常有价值。

关于深度睡眠，我还有一个重要提示：一定要保证子时深睡，即11点到凌晨1点之间要处于深睡状态。所以我在没有特殊情况下，都是11点前上床的，11点半一定要入睡，当然我入睡会比较快,睡眠质量一直很好,所以精神状态也很好。我经常开玩笑说,我每天晚上只睡 1/4 张床,是指半夜我很少翻来翻去,因为只有深睡,才能保证旺盛的精力。

第七,每周要有一定的运动量。经常让自己出出汗,专家建议每周保证 2~3 次达到一定负荷的运动,这一点我做得不好,是需要改进的。

第八,过有节制的生活。如戒烟限酒不熬夜,这是联合国教科文组织提出来的,提倡戒掉香烟,有限地喝酒,不要经常醉酒,尽可能不要熬夜。当然,过有节制的生活也包含对其他欲望的节制。

饮食习惯中的五点思考与建议

民以食为天,人们把饮食看得如此重要,更要注重日常的饮食习惯,以下是我在这方面所做的思考和建议。

第一,进食细嚼慢咽。虽然这句话人尽皆知,可真落实起来比较难,老实说我也做得不够好。这可能跟现在社会发展的快节奏有关,实在是慢不下来。前不久我看到一位专家在讲座中谈到他的一次修行,一位高僧跟他讲,一餐只要 1 小碗粥和 9 颗花生米就能吃饱,但是一定要嚼 38 次。我试过很多次,很难做到,我觉得我能嚼 10 次以上就非常了不起了。

小时候,家里没什么粮食,所以我吃得总是非常快,因为吃得不快饭就没有了。我知道这是很不好的习惯,已经很难扭转过来,但是我一定要语重心长地建议人们细嚼慢咽,这确实太重要了。因为这个环节如果把不好关,后面的营养吸收、消化系统,特别是脏器保护等都会成问题。人们经常会讲"病从口入",一方面是食品本身不过关,另一方面就是吃的方法不得当。

第二，吃饭只吃七分饱，最多八分饱。我经常在女儿上大学的时候去学校看她，每次去都会带她和她的闺蜜吃一次自助餐，但是后来我觉得不应该带她们吃自助餐，因为很容易吃多，吃十分饱，这样其实对身体非常不好。

第三，饮食多品种多样化。人们在饮食方面最好满足多品种、多色彩的要求，吃各种各样、五颜六色的食物，当然这里指的是不添加色素。关于多品种，曾经有人提出一天吃25个品种的食物为佳，这很难完全做到，但还是要尽可能让品种更丰富。

第四，晚餐要吃得清淡，而且要戒夜宵。半夜还吃东西是非常不好的习惯，有些嘴馋的人特别喜欢半夜吃东西，我从来不知道什么叫饿醒，是因为从来不吃夜宵，我真诚地建议一定要戒掉吃夜宵的习惯。

为了更好地休息，有很多有助于睡眠的食物可供选择。睡眠质量不好的人，可以酌情选择一些这样的食物：杏仁、蜂蜜、香蕉、核桃、牛奶、小米、桂圆、奇异果等。

第五，保护好肠道。人的肠道提供吸收营养、免疫防御等功能，对人体的价值贡献非常大，所以我认为人一定要有效地保护自己的肠道，以下几点是我的知识积累与经验总结。

①增加发酵食品的摄入量，如酸奶。

②多吃富含膳食纤维的食物。我经常在早晨吃一大盘凉拌蔬菜，带叶的蔬菜，叶子越长越好，我点菜也会选长叶子的蔬菜，这是我的生活习惯。

③避免食用腐败变质的食物。

④避免过度饮用冰饮和长时间吹冷气。现在很多年轻人贪凉，总要待在一个异常凉爽的环境里。过度地追求低温环境对肠胃不好，过

度饮用冰饮更不好，尤其是女性。

⑤适量运动可以增加肠道的蠕动，使其更健康。

勉强成习惯，习惯成自然

关于癌症，目前大部分年轻人还不太敏感，但是上了年纪的老人，甚至是一些中年人很多因为癌症去世，所以这个问题需要引起人们的重视。

我的父亲当年罹患食道癌，食道癌跟其他癌症不同，如果不做手术就没办法进食，当时我带他到一家部队医院做激光治疗。治疗没有采取放化疗之类的措施，主要还是想让他拥有一个更好的生活方式和生活习惯，通过这些改善他的心情。

我当时做了三件事。

第一件，让他大量看黄梅戏，因为他非常喜欢黄梅戏，是老票友。我在家里买了很多设备，让他能不断地看黄梅戏，跟着哼唱，每天都处在比较好的心情当中。

第二件，带他出去旅游，我曾经陪他旅游了大概三个月，后来又让我的同事，包括我当时的秘书陪着他去旅游，加起来差不多有一年时间。

第三件，带他去见一些他想见的人，其中包括黄梅戏大师韩再芬老师。韩老师对我的父亲非常友好，在精神上给他带来了很大的慰藉，使之心情得到了改善，对于身体状况起到了积极作用。

我父亲带癌生存16年，最后不是因为癌症去世的，而是别的疾病，所以我认为人需要通过改变生活方式来让自己更健康，尤其是癌症患者，通过改变使身心都朝积极正面的方向改善，奇迹往往就会发生。

对于人们来说，很多事情在实践上都是有难度的，但如果长期坚持，逐渐养成良好的习惯，就会水到渠成。所以良好的生活方式是从培养生活习惯开始的，而生活习惯的养成是由严格的自我要求开始的。

我在《细节决定成败》中曾经讲过一句话：勉强成习惯，习惯成自然。人们面对一些事的时候，一开始强迫自己去做，然后慢慢成为习惯，适应后就变成了一种纯粹的记忆、一种约定俗成的习惯，就像生物钟一样，会进入很自然的状态。人在年轻时就要开始自律地训练自己，这样才能培养很好的生活习惯，对一生的帮助都会非常大。

5. 心智成熟面对挫折才不会"玻璃心"

> "失意事来，治之以忍，方不为失意所苦；快心事来，治之以淡，方不为快心所惑。"
> ——晚清中兴四大名臣之首曾国藩

无论是学校教育还是家庭教育，都有一个非常重要的课题，那就是把孩子的心智培养成熟。很多孩子长期在自己的舒适区生活，没有或很少经历不顺心的事情，更不用说大的挫折或打击了。况但凡遇到大的坎坷，孩子的情绪和心理就有可能在一瞬间崩溃，所以心智的培养是家长和老师都不能忽视的，需要共同努力帮孩子建立起健全的人格。

挫折教育戒掉"骄娇二气"

前两天，我跟发小谈到了他的孙子。他的儿子很有出息，名校毕业，在深圳就业，工作和生活都很好，孙子今年2岁。我问他，孩子会不会自己用筷子吃饭，或者至少能够非常熟练地用勺子吃饭；如果叫他穿针，他能不能穿上？

发小说他正在为这个事情发愁，孙子已经完全被宠坏了，天天要追着喂饭，完全没有自理能力。我跟他说我儿子2岁大的时候，我已经带着他学习使用不那么锋利的塑料刀口的剪刀了，3岁就学金属剪刀了。

我跟他进一步讲，家长一定要扭转这种家庭教育的现状，不能让孩子太舒适了。一个 2 岁的孩子，父母、爷爷、奶奶、外公、外婆 6 个人高度关注着他，对他百依百顺，孩子以后会脾气急躁，没有忍耐力，经不起任何的批评、打击和惩罚。到了六七岁的时候，他遇事很容易生气，甚至摔东西或骂人，有可能不尊重长辈。最关键的是孩子一旦遇到挫折，就会没有足够的心理承受能力来面对，可能会出现更严重的问题。我劝发小应该尽快做出改变，等孩子长大了再调整就晚了。

我儿子出生的时候有比较明显的黄疸，所以被放在一种保健箱里面，没有在妈妈的身边，我们大概有两天左右的时间不能跟孩子在一起。如果要去看他，也只能隔着玻璃看。我惊讶地发现，这些孩子在那些护士手上其实是挺"随意"的，没有我们这些父母想象得那么娇气。

五六个护士要照护 100 个左右的孩子，不可能把精力全部放到某一个孩子身上。后来我跟专家请教，他们说家长用不着一直关注着孩子。你不去理他，他会自己玩。所有的事情对他来讲都是稀奇的，他会认真地吸收、感知、记录。

其实这就是成长，他有时候会哭，但是哭不一定是出了问题，有的时候是舒服，有的时候是不舒服，但这种不舒服无关痛痒，只要保证合适的环境，就不会有太大的问题，所以就由他哭好了。这个时候哭一哭，发发声，对他的肺活量、声带训练、呼吸节奏都是非常有益处的。新生儿的啼哭，只要不是歇斯底里，对他来说反而是一件好事。

日本幼儿园发糖——延时训练猜想

关于孩子喂奶，我们坚持 4 个小时喂一次，不会因为他哭就马上喂，这本身就是一种训练方式，被称为"延时满足"。延时满足可以伴随孩子整个童年。孩子在童年时代任何一个年龄段或时间段内，某些需求尽管是正当的，但是家长也不一定要马上满足他，可以等一等，让他忍一忍，或者说让他不满，发泄出来，这都是非常有必要的主动训练。

我认为孩子相关的教育和训练要从零岁开始。最早我是在日本学到的，日本的幼儿园要给孩子发糖，就会明确地跟孩子讲：等到第二轮再要可以多发一颗糖，现在要还是第二轮再要？有一些孩子就会忍住，第二轮才要，因为他可以拿到更多。克制自己当时的欲望，其实这是一个心态的问题，所以对于很小的孩子，训练这种延时满足对心智发育很重要。

孩子再大一点，三四岁的时候，家长可以做一些更加清晰的延时训练，比如孩子吃一个东西，如果他要现在马上吃，只能吃一份；如果他能够等五分钟再吃，家长就可以给两份。

意志力训练帮助孩子打破"舒适区"

孩子更大一点就不只是延时训练了，还要做更复杂的训练，比如意志力的训练。我记得儿子第一次离开家是 6 岁半左右，那时候我们住在珠海，我给他报了一个北京的军事夏令营，姥姥把他送过去就离开了，让他一个人在那里待了整整一周时间。

虽然儿子在那里玩得很开心，但还是会想父母，尤其是想妈妈。他坚持了一周，后来我们了解到，第四天他收到了妈妈的信，老师读给他听，他听到其中的一些句子，眼泪就流出来了，但是并没有哭出声来。那个时候他特别想妈妈。其实从某种角度来说，这就是我们让他参加这个活动的目的——训练他的心智。

我儿子在小学一年级的时候又参加了一个时间比较长的夏令营，所有用品都是自己去收拾，我们大人几乎不参与。如果有哪些物品出了问题，需要他自己去面对。果然，这一次他没有带够短裤。我们是知道的，但是当时没有跟他说，导致他没办法勤换短裤了。

让他更早去接触、去体验这种不舒服，或是面对尴尬、麻烦、困惑，我们认为是非常重要的训练，或者说是必须的。这种训练一定要从孩子的少年时代一直贯穿到青年时代，始终去训练。如果缺乏这种训练，孩子走向社会之后，就会有更大的苦难需要他去承受，越早训练对孩子的抗挫力越有帮助。

我们曾住在北京的西三环一带，过天桥就是一个酒店，那个酒店是我来京上课时经常会住的，平时不入住的时候，我会隔三差五带着孩子来这个酒店吃早餐。我让孩子在那里感受川流不息的人群，自己想吃什么就去拿，亲自面对一些事、一些物、一些人，还有一些困惑。比如他很想吃鸡蛋，但是找不到鸡蛋在哪儿，我是不会给他拿的，会让他自己去找，实在找不到就问服务员，他想吃就必须开口问。

还比如有的时候他不小心把盘子打破了，我也不会大惊小怪，马上过去查看他有没有受伤。盘子掉在地上动静不小，马上就有人关注，他特别惶恐，连哭都不敢哭。因为他做错了事，影响了别人，所以他在那里手足无措，服务员过来之后安慰他，他也不能对着服务员哭，只好陪着服务员一起收拾掉在地上的食物。有可能他会受到批评，他会做好心理准备。后面他再拿菜的时候就会非常小心，我觉得这是一种很好的训练。

我不是教育专家，不知道以上这些做法是不是完全科学，但是我觉得从出发点的角度来考虑，都是必要的，必须让孩子接受一些承受打击的训练，让自己的心智更加健全，去迎接未来生活给他的各种挑战。我非常反对某些家长从来不让孩子接触任何的挑战和细微的伤害，总是让孩子处在一个极度舒适、需求高度满足的状态。我很担心这些孩子长大之后不知道要承受多少生活的不易，有的孩子可能在高中就会体验到，有的可能到了青年时期才会感受到，我认为这个经历体验得越早，孩子就越坚强。

我有一位长辈，我认识他的时候，他已经50岁了，在单位跟谁也合不来，当然职位也没有提升，反而不断下滑；在家庭中跟妻子经常吵闹，甚至还动粗，最终导致离婚，离婚之后他的情绪更加不稳定，最后只好提前退休。退休后他经常酗酒，远在外地的女儿很难去照应他，父女之间不好沟通，女儿很是操心。

我后来了解了他的背景，觉得一点都不意外，因为他的父母身份比较显赫，所以他一直被宠爱，没经历过什么挫折，以致于心智不是特别的成熟。其实生活当中这种情况并不少见，有些人在成年之后心智依然很脆弱，没有承受能力，没有担当，没有合格的责任感。孩子若长期以来在培养过程中没有经历过任何的意志力训练、挫折训练，可能30岁了仍然是个"巨婴"。

小小男子汉，满满责任感

儿子5岁的时候，我带他去了一个已经改成仓库的小房子，30多平方米的面积，一室一厅、一厨一卫。儿子跟我一起走进房子的时候，非常惊讶地问我："爸爸，我们要搬到这里来吗？"实际上这间房子是他妈妈租的，当时是用来存放一些周转物资的。

既然儿子这么问，我就回答他："我们先来看看，暂时不用搬，但是有必要就得搬过来住。"那个时候，我们住的房子面积有190

多平方米。儿子听完我的回答很久没有说话，陷入深深的思考当中。

在儿子二年级升入三年级的那个暑假，我们确实搬出了大房子，转到了小一些的房子里住。搬过去之后，儿子再也不愿意回原来的房子看一看，他内心深处认为家里的消费能力下降了，只能搬进更小的房子。

事实上，住房由大改小主要是考虑学区的问题。原来住大房子是为了让他们就近上幼儿园，现在兄妹都要上小学了，我们就搬到小学旁边的学区房，当然就顾不上它的大小了。

一直以来，我都不愿意在孩子们面前表现出家里经济条件比较优越，所以儿子一直在花费上是比较谨慎的。每次全家去外面吃饭，儿子总是阻止妹妹随便点菜，他一再提醒妹妹不要点太贵的菜，有一两个贵的菜就够了。

今年儿子初一升初二。我在去年就说服他，今年开始学炒股，去了解中国经济，去学习怎么挣钱。但是儿子迟迟不同意开户，他认为自己承担不了这份责任。

尽管我跟他说，盈利了算他的，赔了算我的，但他仍然坚持等股市情形好转再开户进入。虽然钱不是他的，但他对谁的钱都负责任，对此我非常欣慰。

最近一段时间，儿子在做花切扑克，就是一种文创扑克牌。牌的制作费用是以众筹的方式来解决的，他通过认真、严肃而客观的话术说服了20多位同学和我们的部分朋友，成功筹款三万余元。有人承诺给他众筹一万元，但被他拒绝了，他的解释是：我用不了那么多钱，也负不了责任，因为我不能保证这个扑克牌能否升值。

前不久我跟儿子探讨未来的学业规划问题，提到他如果有能力，是可以考国外大学的，但是儿子毅然决然地否决了到国外读书的想法。他说了一句让我很感动的话:"老爸,你都多大年龄了,我能放心去国外吗?"显然,他觉得爸爸年龄越来越大,而他在国外读书,照应不了我这边的情况。这句话让我很长时间没有再跟他讨论留学这个话题。

当然,我也并不赞成家长对孩子过于残酷地训练。我的一个老同事的女儿很优秀,上的是一个很普通的大学,但是她非常勤奋努力,不断学习,拿到了很多职场技能的证书,终于在一家著名外企谋得了一定级别的职位。

但没想到的是,她后来生了孩子以后,要求孩子和她一样,让幼小的女儿接受各种各样的训练,比如在孩子根本还不能开口说话的时候就给她报了英语班,风雨无阻地送她去学,虽然之后她可能掌握了很多东西,但我认为这个孩子的童年太不幸福了。

家长不要强迫孩子做一些远超他年龄范围的事,这对于孩子的成长来说就是揠苗助长,我还是坚持卢梭的那句话:要让孩子活得像个孩子。

6. 读书可以改变一生的气质和品质

"不读书的人，思想就会停止。"
——法国启蒙思想家德尼·狄德罗

有一位年轻人问一位老人："您一生都在读书，请问最终得到了什么？"老人说："好像我基本上什么也没得到。"年轻人进一步问："那您为什么还要读书呢？"老人说了一段非常有意思的话："虽然我好像没得到什么，但是我可以告诉你我失去的东西，通过读书我失去了愤怒、纠结、狭隘、挑剔、指责、悲观、沮丧，失去了肤浅、短视、计较，失去了一无所知，失去了无知的干扰和障碍。"

"腹有诗书气自华"是苏轼在《和董传留别》中对读书的参悟，他认为只要饱读诗书，学有所成，气质才华自然横溢，高雅光彩。通过长期读书，有时还可以让人生得到彻底的改变，它往往看不到、摸不着，而是更多地体现在内在、隐性的方面。

潜移默化，让孩子爱上读书的六点建议

爱上读书，这是个永远的话题，也是让很多家长困扰的课题。我在这里分享六点，希望可以帮助孩子爱上读书，习惯读书。

第一，家里一定要有书架、书房。不论家庭条件如何，建议给书籍开辟出一个固定的空间，当然越大越好。我家把客厅改造成了一个大书房，至少让家里有书卷气，这样孩子可能会对书产生亲切感。

第二，家长一定要给孩子树立读书的榜样。家长不能自己安然地看电视、刷手机,却强迫孩子每天读多少页书。比如我家约定俗成,孩子们在睡觉之前看到的一定是家长在读书的画面,这个虽然比较难做到,但是我认为为了培养孩子养成读书的好习惯,哪怕家长刻意去做也要落实,它起码是一个积极正面的影响和引导。

第三,家庭中要培养和形成一种讨论读书心得的氛围。一旦有机会讨论读书相关的话题,动员尽可能多的家庭成员参与进来。我会不定期地引导孩子翻一翻他们可能感兴趣的书,并且一起讨论其中的情节或交流感想,这样做很容易带动起孩子读书的积极性。

第四,主动参与孩子感兴趣的图书讨论话题。如果孩子主动跟家长谈起读书相关的事情,家长最好放下手头其他的事,全身心地参与,不要应付。我的小女儿曾经很细致地阅读三国相关的书籍,我就集中时间跟她谈论,比如哪个武将最厉害?谁最聪明?里面出现了哪些女性?对她们的看法如何?这样一来,小女儿对三国就越来越有兴趣,不仅主动去搜罗其他相关的书籍,并且把这个领域钻研得很透彻。我建议家长不要强迫孩子一定要按某个书单去读书,主动与他讨论感兴趣的书才是最重要的。

第五,坦诚自己的知识盲区。家长在孩子面前可以非常坦诚地表达自己的无知,孩子在读书时提出的相关问题可能是家长的知识盲区,家长没办法给出答案。这个完全正常,家长可以坦诚地告诉孩子自己不知道,这样会让孩子树立信心:爸爸妈妈有些东西也是不知道的,那么孩子未来读书的热情会越来越高。

第六,利用周末或节假日,家长尽可能地带孩子去图书馆、书城或书摊,每次争取为他添购一两本书。孩子可能没翻开这本书看过,家长不要计较这个事情,不要认为买了那么多书又没看,事实上我买的很多书其实也是没看过的。我记得鲁迅讲过,他家的藏书有一半他是没看过的,这个过程只是培养孩子读书的惯性做法,不一定会让孩子产生兴趣,但是如果不做就一定不会让孩子产生兴趣。

孩子对书的喜爱和热情,是需要家长协助他从小就培养的,所以我认为让孩子喜欢读书不仅是家长的愿望,也是亲子关系中需要践行的重要一环。

走眼走脑走心,读书的三种境界

坐飞机时我经常观察身边形形色色的乘客,发现有的人喜欢带一本很厚的书,始终专心致志地读着;有的人喜欢翻阅飞机上的报纸,走马观花地看看各版面后就放回去;还有的人喜欢看杂志,读到自己喜欢的部分会心一笑。

我认为读书其实有三种境界。

第一种,为眼睛读书。这种境界大多是人为了消磨时间,不至于无聊,翻阅一下身边的书籍画报,填充空闲时间。我不武断地说这不是读书,但是在我看来意义不是很大,它仅仅是获得了短时间内的愉悦和充实。

第二种,为大脑读书。这种主要是学一些谋生的技巧,通过读书学到一些技能,得到一些知识,未来可以应用。当然这样会丰富自己的大脑,提高自己的能力,但是仍然没有达到更高的境界。

第三种,即更高的境界——为心灵读书。读什么在这时已经不重要了,只需要去读,否则心灵就会枯竭,完全没有着落。人的心灵需要一个"家"才安稳,读书会产生这种慰藉,这才是我认为的读书的最高境界。

《论语·雍也》中有云:有颜回者好学,不迁怒,不贰过。不迁怒就是不会在别人面前表现自己的情绪,不会怪别人;不贰过就是不会重复犯同一个错误。这句话体现了颜回因为好学达到了很高的境界。

《论语》十二章中也有孔子赞扬颜回的话：在陋巷，人不堪其忧，回也不改其乐。颜回住在一个偏僻的破地方，喝一点水，吃一点简单的饭菜，但是他非常好学，从来不改变自己的爱好和志向。

孔子在《论语·述而》中说道：发愤忘食，乐以忘忧，不知老之将至云尔。发奋读书，甚至忘记了吃饭，学有所得，高兴地忘记了忧愁，连自己快要老了都不知道，这也是一个非常高的境界。

《论语·阳货篇》中有云：饱食终日，无所用心，难矣哉！如果一个人只是每天吃了就睡，醒了再吃，什么事都不干，是很难的，也是没有意义的。读书会使人更充实，精神上更丰富，这是很显然的道理。

我记得左宗棠撰写过一副楹联：身无半亩，心忧天下；读破万卷，神交古人。这句话大致意思是说：我虽然没有什么田产，但为天下而忧。我读书非常多，所以在精神上能跟古时的圣贤深刻地交流。这也就是我平时经常说的，读书其实是在跟圣贤对话，至少是跟智者对话，因此对于所有人来说，读书具有非凡的意义。

孟德斯鸠说：读书对于我来说是驱散生活中的不愉快的最好手段。没有一种苦恼是读书所不能驱散的。真正读书的人，会读书的人，真正读进去的人，几乎是没有什么苦恼的。当然这个境界我现在还没达到，但是我能感受得到，有些苦恼确实能被读书驱散，至少不会为琐碎的事而烦恼。

读书与生活是紧密相关的。人们读书可以代入对生活的所思所感，带着对生活的疑问到书中找答案；同时可以用读书所得反馈生活，拥抱生活。

践行终身，读书的三个层次

读书不是机械地选择和阅读，也讲究方法和技巧。我通过多年阅读的经验总结出读书包含的三个层次。它们是层层递进的关系，缺一不可，更不要急功近利，按部就班才能快速有效地掌握读书的窍门。

第一个层次是选书，即决定读什么书。我在选书上有以下三点经验，也是长期遵循这三点去选书的。

（1）接受名家的推荐。

我上大学的时候，接到过一个300本书的书单，我上大学的岁月，这300本书虽然没有全部读完，但是每一本书都碰过，有一些书实在看不下去或看不懂，我就翻一翻放下了，但是大部分都读完了。我非常感谢这个书单，不仅让我找到了读书的方向，也充实了我的青葱岁月。

（2）读关联的书。

比如你要读一本关于阅读的书，那么这本书会关联很多其他书，有很多名家谈阅读的工具书，有很多相关的必读书，还有很多文库推荐阅读的书，当然还有自古以来一些读书人的笔记，这样一来你可以把关联的书集中起来读，书是可以打包读的。

（3）看书后的引用著作。

书上引用的内容一般都是作者比较喜欢的，相当于作者在跟你介绍另外的作者，有点像口碑营销。找到这些书来读，对拓宽阅读边界很有意义。

第二个层次是学习快速阅读。有些人的读书方法是不恰当的，他们拿来一本书就马上翻开第一页，从第一行第一个字开始往下读，结果这本书放在床头柜上，一放几个月才读了十几页，因为他读不进去，没有产生兴趣，但是又强迫自己去读，这样读书根本就没有效率。

所以学习快速阅读是非常重要的，我这里讲三个小技巧。

（1）学会读目录。

所有书拿过来先读目录，要了解这本书整体想表达的是什么。如果目录都看不明白，我建议先不要读这本书，换一本可以读目录的书。难懂的书不会让你产生兴趣，读起来就不会有热情，因此不要在这本书上浪费时间。

（2）从目录中找感兴趣的章节先读。

若目录的标题就很吸引你，那么就会产生一个基础的兴趣，带着兴趣就能读进去，书中的这部分内容一定也不会太差。读完这部分如果想要了解前因后果，那么就会对整本书产生一个完整的兴趣。一定要带着强烈的兴趣去消化一本书，只有这样做读书才会有意义。

（3）学会拍照式地读书。

有些人读书是扫描式的，头来回移动着，显然是读书太少的缘故。真正读书厉害的人应该是拍照式的，一本书翻开呈现左右两页，每页分成上下两块儿，也就是目前呈现出四块儿，然后关注某一块儿几秒钟，尝试着快速抓住几个关键词。其实很多人经过训练是可以做到这一点的，可能需要通过一年左右或读二三十本书训练出来。练成这个技巧后，很多书是用不着逐字去看的，只要简单扫一下，就能迅速知道其中说的是什么。

如果书中某个部分很重要，认真把它一句一句完整地读完，或者把它抄写下来，但是绝大部分内容你是不需要这样去读的，要学会快速抓住你认为重要的关键词。

第三个层次是提高知识使用率。有些人读了很多书，但是丝毫没有给人有知识或有学问的印象，因为他的知识使用率太低了，应用不到，或者到用的时候拿不出来。古人讲，书到用时方恨少，但是就算少，也还是有一个使用率的问题。以下我分享几点最大化使用率的技巧。

（1）有兴趣才读书。

一定要有兴趣，有兴趣才能抓取自己真正需要的东西，才会在未来应用，这是一个很重要的经验。

（2）动笔墨才读书。

要及时做眉批，或者叫旁批，在读书的过程当中，想到了什么就马上写在旁边，对保持持续的热情非常有帮助，因为这样才能达到真正跟智者对话的目的。我读书的时候还习惯把认为重要的概念、数据、逻辑用笔标识出来，方便查找或记录。

除了做笔记，写读后感也是一个很好的方法。读完一本好书会在内心迸发出很多想法，这时把所想写下来，对于消化吸收这本书的内容是非常有益的，也是未来提高知识使用率的有效方法。儿子在初学《三字经》时，我为了让他读懂这篇儿童歌谣般的韵文，并指导他学会写读后感，就示范性地写了一篇文章《人之初，本无知；元之旦，蒙学始》（见附录3）。

（3）有对照才读书。

我读每一本书时都尽可能去对照着读，比如我在读完了冯友兰的《中国哲学史》后，会拿胡适的《中国哲学史纲要》来做对照，看看他们在同一件事上有什么不同的认知，有什么不同的表达，这是一个很好的拓宽思维的方法，并且可以迅速掌握该领域的知识和观点。在这里，我表扬一下读小学五年级的小女儿。她的《三国演义》算得上精读，至少有20遍，而且各种版本对照。现在她能分类评谈三国，比如把谋臣放在一起对比，把武将作对比，甚至战马和兵器也可以对比分析。

　　读书并不一定能够换来什么，但可以改变整个人生的品质，使其更有价值，至少会让人生更充实，洋溢着对幸福的理解。我坚定地建议家长一定要培养孩子读书的爱好和习惯，并践行终身。

7. 自我修炼是伴随一生的成长

> "见人得失如己得失，嘉纳良言闻过则改，事无巨细不可懈慢，深思熟虑无憾无悔，恒劳知逸自强不息，实心相待不务虚名，治心之要首在克己，防微杜渐预其未萌。"
>
> ——清·康熙

"所有的人都是平凡的，有些人因知道了这一点而成为了非凡的人。"切斯特尔顿关于修炼曾有过这样的名言。这里讲的修炼是个人角度的自我修炼，修炼的含义是指人要努力去提高自我的控制和行为调节能力，能够有效地改善自己的心理状态，提升自己的内在品质，最后实现自我成长。

自我修炼，为人生找到意义

一个人一定要追求人生的意义，为了实现人生的意义，除了正常的学习工作之外，还要增加一个内容——修炼，而这种修炼要持续一生。

记得当年我们老家修汪氏宗谱的时候，我为宗谱写过一篇序，题目叫《既有人生，必须定义》，里面一个主要观点是：我们每一个人都必须为自己的人生找到或设定一个意义。很多人都说人生是没有意义的，我也承认正因为人生没有具体的意义，所以人一定要为自己的人生找到一个意义，或者给它设定一个意义，哪怕是一个假定的意义，因为这样你的人生才有方向。

曾经有学生问古希腊演说家安提丰：活着到底有什么意义？安提丰回答他说：我至今也没弄清楚，所以我要活下去。其实每个人的人生意义是不一样的，应该给它定义。很多名家在晚年都会给子女留下一些劝诫书，让他们很好地修炼自己，让人生变得更加充实。

比如诸葛亮的《诫子书》中"夫君子之行，静以修身，俭以养德。非淡泊无以明志，非宁静无以致远"就是诸葛亮晚年的时候给儿子写的书信中的金句。可以看出，他在子女教育的问题上非常强调人生的意义，即如何有效地活好、过好，让自己的人生更有价值。

个人在自我修炼时，由于人有很多天性的弱点，或者有一些常人很难避开的缺陷，所以人们在处理事情的时候经常会表现出一些不当，或者一些失误，甚至是一些错误。

静心治愈浮躁，知足心控制贪欲

曾经有一个关于缺乏修炼、不冷静冲动的故事。有一个人得到了一个紫砂壶，把它当作宝贝，每天晚上都放在床头。有一天晚上他起夜小便，不小心把紫砂壶的壶盖打翻了，掉到了地上，他瞬间清醒。壶盖坏了，这个壶留着也没用，他当时非常生气，抓起这个壶就扔到了窗外。等到天亮的时候，他发现壶盖掉下来并没有摔碎，而是掉在他的棉鞋上，完好无损。可他又一想：我把壶都丢掉了，留着壶盖也没用，越想越气，一脚把壶盖踩得粉碎。

可当他出门的时候，又很惊讶地发现，昨天晚上从窗户扔到外面的茶壶正好挂在一个树枝上，并没有摔坏，但这个时候壶盖已经没有了，这把紫砂壶确实就没有用了。这可能是一个非常典型的案例，但是这种事确实不少，我就碰到过类似的事情。

我记得在中学的时候，有一次一位老师刚刚用开水瓶打来开水，可能水装得不太满，上面留了一点空隙，热气把盖子给顶了出来。他把开水瓶放下，盖子掉到了地上，他眉头紧锁，抓起盖子用水冲了一下就盖上了。但是刚盖上，盖子又掉到了地上，反复了三四次，他非常生气，就把那一壶开水全部倒掉，把盖子拼命往里面塞，一直把瓶盖塞到壶底为止，他发现这个开水瓶就不能用了，又拿个棍子想办法把塞子给掏出来。塞进去容易，弄出来却很难，弄了很久后无果，他一气之下一甩手就把开水瓶甩到外面摔碎了。

虽然这个事情很无聊，但却给我留下了很深的记忆，老师当时躁怒的状态给我留下了很深的印象。事实上很多人在处理日常的事情时经常不够冷静，因为人容易冲动，总带有情绪。遇到这种事确实需要智慧，因此人需要借助日常生活的琐碎来修炼自己。

在这个问题上我是比较欣赏曾国藩的。他给弟弟的书信当中有这样一段话劝诫他的弟弟："凡军行太速，气太锐，其中必有不整不齐之处，唯有一静字可以胜之。"大意是说如果军队行动太快，而且锋芒毕露，这个时候就很难做到整齐。作为一个治军统帅，一定要学会静下来，只有心静，整个队伍才能安静下来，这样才可以保证能打胜仗，否则心浮气躁很容易出问题。

这里虽然讲的是带兵打仗，事实上生活当中何尝不是这样？人们一定要在日常生活中保持不断地修行，让自己内心平静下来。这种修炼不仅仅是控制情绪，有的时候也包含控制自己的贪欲。

常言道：人心不足蛇吞象。很多人在修炼上还有一个非常重要的事情要做，那就是在控制情绪的基础上学会知足。

中国科学院院士裘法祖说过："做人要知足，做事要知不足，做学问要不知足。"

俄国文学家列夫·托尔斯泰讲过："一个人的一生，其实只需要从头到脚6英尺的土地，即可以把自己舒服地放进去，这一点土地就足够了。"他其实是告诉人们一生贪婪是没有意义的，而他确实做到了，把自己的万贯家财撒向了社会，自己过着非常清贫的生活，这个境界其实是很少有人能达到的。对普通人来讲，可能不具备这些高人的见解，但是起码要收敛自己的贪婪。

一个女孩因为没有鞋子穿而哭泣，直到她看见了一个没有脚的人。人家没有脚，而她只是没有鞋。所以，贪婪有时候是相对而言的，如果能够学会知足，那么就不至于那么贪婪，这当然也是个修炼。

静思与反省，曾国藩的自我修炼法

关于如何修炼，我个人有一些体会。我觉得其实人是需要做到每日修炼的，就像曾子说的"吾日三省吾身"，每天都去思考自己，总结自己，重新审视自己。

我记得儿子的学校曾经有一个奖项叫"暮省奖"，黄昏日暮的"暮"，反省的"省"。让我欣喜的是学校能够从这个角度来设奖，让孩子们经常反省自己，一直坚持反省的人，就给他颁发这样一个奖，确实是一个非常好的创意。

不断反省就是一种非常重要的修炼。

在这里我想给大家讲讲曾国藩的修炼方法。我讲的日常不断地对照学习，再通过实践来验证，或者时时把控自己的情绪，做一些笔记或写日记等，这些都属于个人修炼的一个过程和方法。曾国藩的修炼有两个重要的方法。

第一，静思。曾国藩有一个很好的习惯，每一次打仗，特别是打比较大的仗，打完之后回到家里他会点燃一炷香，然后等这炷香彻底烧完才去休息。那么点这炷香干什么？他在燃香的陪伴下闭上眼睛，静思这一整天，到底哪些事情做对了，哪些事情做得不对，相当于现在讲的复盘。

所以每一次打完仗之后，他都会在家里点上一炷香，燃香这个时间段里一直在做复盘，整理思绪，总结自己一天做得怎么样。后来他还带动了整个团队的高级军官也这样做，不断地总结，不断地复盘，在静思当中解决问题，这是一个很好的做法。

第二，反省。曾国藩不断地检讨自己为什么不如左宗棠。左宗棠原来并不比他强，而且出山比较晚，曾国藩成名比较早，但是后来左宗棠却比他名声更大。曾经有人在给皇帝的奏章当中写过：湖南不可一日无左宗棠。所以左宗棠的名号非常响亮。曾国藩经常拿左宗棠来做对照，为什么自己不行，为什么很多事情不如他？

从两个人的一生来讲，曾国藩未必就不如左宗棠，难判高下，但是曾国藩确实经常拿左宗棠来跟自己对照。因为曾国藩在几次水战当中战败，还有几次想跳水自杀，曾有一次左宗棠来劝他说自杀是不负责任的，所以他感觉左宗棠确实比他技高一筹。曾国藩通过这种对比分析自己哪些地方应该改进，哪些地方应该向人家学习。

曾国藩在检讨自己带兵打仗与地方官总处不好关系时，就拿同在湖北带兵的胡林翼来做对照。年纪更小的胡林翼在汉口与主政地方的满族官员官文关系就处得很好，很少有不协调。

曾国藩自我修炼的过程更多的是通过静思和反省，当然也可以认为这二者是一件事。

因此，我认为修炼是每个人每天必须做的事情。在日常生活当中，人们通过各种途径的修炼来提高自我控制和行为调节的能力，改善自我的心理状态，使内在品质得以提升，最终实现人生的意义。

解码中国式家庭教育

第四部分 Four

世界并未过滤，

人生

早做准备

1. 只有拥抱团队，才能放大个人价值

> "人们塑造组织，而组织成型后就换为组织塑造我们了。"
>
> ——英国前首相丘吉尔

如果一个人想做成一件事，有三点很重要：合作、尝试和机遇。这其中，是否尝试取决于自己，体现的是主动性的问题，如能不能突破，是否有创新性。至于机遇，每个人都有，取决于自己做人的风格和为人处事的态度，机遇总是青睐那些有善意的人和主动显示自己优势的人。合作是三点中最重要的，也是基础，从某种意义上来讲，善于合作的人，成功的概率更高。

气球实验背后的团队协作

曾经有一位叫赛勒的教授做过一个有趣的实验，他把A、B两班学生分别安排在两个独立的教室，每个教室放一个很大的筐。他给每个学生发一个瘪气球，让他们把气球吹大后在上面写好自己的名字，放在各自教室中的大筐里。

然后，教授让学生们离开各自的教室，让助理分别把两个大筐里的气球打乱，拼命地摇晃，使气球的位置完全随机，谁也不知道会拿到写有谁名字的气球。两班学生稍后同一时间回到了各自的教室，教授让他们从大筐中把写有自己名字的气球找出来，看哪个教室的学生找得更快。结果让人非常意外，A班的学生只用了三分钟的时

间，就都把写有自己名字的气球找到了；但是 B 班学生足足花了 15 分钟，实验的限定时间都结束了，还有一半人没有找到写有自己名字的气球。

A 班学生的做法是，围在大筐前排的同学拿出来的气球上面的名字如果不是自己的，就会主动叫气球主人过来把球拿走，用不着一堆人一哄而上地翻抢，这样秩序井然，效率还很高。

但是 B 班就不是这样做的，围在大筐前排的同学翻出一个气球，一看写的不是自己的名字，就扔回了筐里继续翻，结果大家一窝蜂地冲到筐前没有头绪地乱找，场面十分混乱，而且在这个过程中，很多本就脆弱的气球被扔来扔去，不是爆了就是破了，地上一片狼藉。

实验结果很明显，A 班利用协作精神建立了一种隐形的秩序，而 B 班因缺乏合作精神，彻底失败了。这个故事仅仅是个游戏，试想一下，如果把它换成一个规模庞大的项目，成功与否就有云泥之别了，所以人脱离个人空间，就要学会合作，与他人合作，与团队合作。

哈佛大学在世界上的名声可谓响当当，可是有一部分该校毕业生毕业好几年还没有找到像样的工作，因为美国很多大型企业或著名公司即使面对的应聘者是哈佛大学毕业生，当发现对方近年来没有有效的就业，也会很坚定地表示拒绝。这些机敏的企业认为，作为哈佛大学的毕业生，能力一般都是被认可的，但是好几年还没有找到相对匹配的工作，只能说明一个问题——协作能力不强。

记得我在刚进入清华同方的时候，参与过一个团队游戏，叫"背摔"，领导者或高管站在一个台子上，然后闭上眼睛向后倒下，台子很高，一般有两米以上。台子下的几个同事手拉着手交叉成一个网兜的形状，准备接住台上向后倒的人。这个事确实没有什么风险，但是很多台上的人在倒的时候都是很害怕的，不知道下面这个"网兜"牢不牢靠，担心其他人接不住，自己摔到地上。

设计这个游戏的目的就是增强团队成员对同事的信任感，但是在真正实施的时候，还是有很多台上的人难以完全信任下面的人，这就说明团队的协作意识还需要培养和加强。

我后来到一家企业当总经理，团队也进行过一次非常特殊的团建活动。我们当时分成几个不同的组相互 PK，PK 的具体内容我记不清了，但是我非常清楚地记得，PK 的惩罚是输的一组全体趴在地上做 20 个俯卧撑，如果这个小组接下来 PK 又失败了，就要翻倍做 40 个俯卧撑。

40 个俯卧撑对于普通人来说还是有一定难度的，尤其是力量偏弱的女性，有的小组成员做得全身发抖也没有做完，如果连续失败，那累计的俯卧撑数量绝对是个无法完成的挑战。

那次我作为裁判没有被分到某个组里，结果游戏进行到某个阶段的时候，有个组非常被动，已经连续失败三次，所以要做 80 个俯卧撑，我相信他们根本就没办法完成。

这个时候，我突然产生了一个念头：这个团队不管游戏做得怎么样，无论失败的原因是什么，他们都是我的下属，都是我的战友。于是我主动跟活动组织者沟通，表示要陪着他们一起做，事实上 80 个俯卧撑我是做不完的，但是我还是站出来陪着这个小组一起磕磕绊绊完成了并不规范的 80 个俯卧撑。

当我趴着做俯卧撑的时候，对面取胜的小组也都趴下来，一起陪着失败的小组做俯卧撑，最后现场参加这个游戏的所有人趴在地上一起努力地做起俯卧撑来。虽然大家很吃力，很狼狈，但都被这个气氛带动了：我的团队、同事、战友在接受惩罚，我要与他们"同甘苦、共患难"，当时给企业每个人带来了很大的震撼。

俯卧撑结束后，很多人开始拥抱周围的同事，感动落泪，为自己过去对别人不够友好而惭愧，为自己过去刻薄地对待别人而检讨，可能都是鸡毛蒜皮的小事，但是这个时候情绪随着行为都表达出来了。有些人主动去跟对方道歉，当时的场面让我印象非常深刻，虽然我们过去也做过这种学习式的团队训练，或者叫团队培训，但是绝对没有这次效果这么好。

个人与团队的 14 点思考

与他人协作就需要团队，个人与团队永远是相辅相成的关系。个人为团队做贡献，团队给个人以价值的体现。以下 14 点是我对个人与团队的思考，希望能给努力融入团队的人带来帮助。

第一，能整合别人说明你有能力，能被别人整合说明你有价值。

第二，既整合不了别人，又不想被别人整合，说明你离成功还很远。

第三，帮别人搬开的绊脚石，往往会成为自己的铺路砖。

第四，积极参与共同的兴趣和必要的团队活动，不要给他人高冷的印象。

第五，无力改变大环境，那就试着去改变自己生存的小环境，因为你不能决定太阳几点升起，但能决定自己几点起床。

第六，每一次烦恼的出现都是一个让你寻找自我缺点的机会。

第七，生活的真谛在于宽恕与忘记，宽恕那些值得宽恕的人，忘记那些不值得宽恕的人。

第八，承认差异，和而不同。

第九，不必完全透明，多用"我们"代替"我"。

第十，言必自成天趣，事当曲尽人情。

第十一，把别人对你的诋毁丢进尘土，把别人对你的恩惠刻在心头。

第十二，帮助别人并努力忘掉，真诚感谢别人的帮助。

第十三，我喜欢两种人，一种是比我优秀的人，另一种是使我优秀的人，但我最喜欢的是愿意和我一起变优秀的人。

第十四，删除全部人类长者的智慧，世界将无法运转。

苏东坡曾经说：吾眼前，天下无一不好的人。这句话的意思是：在我的眼前，整个天下没有一个人是不好的。他心中永远不树敌，对人友善，看世界的态度乐观，无防人之心。

苏东坡当年跟王安石有很大的政治分歧，但是苏东坡流放到黄州之前，王安石还是把他从监狱里救出来了。王安石跟皇帝说苏东坡是没有罪的，只是政见不同，他并没有诋毁皇帝，更没有逆反皇帝的想法。王安石对他也是尽了朋友的责任。后来苏东坡返回浙江，路上经过江西，特地到吉安去看望老友王安石。他们虽然政治上有分歧，但是朋友的感情并没有淡忘，所以苏东坡说天下没有一个不好的人，这个我是相信的。

张岱在《陶庵梦忆》中也提道：人无癖不可与之交，以其无深情也。人无疵不可与之交，以其无真气也。这句话的意思是：一个人如果没有了嗜好，对什么都提不起兴趣，眼前空无一物，才疏学浅，心浮气躁，无真情可言。推物及人，对物如此，对人能好到哪里？人若是太完美了，别人在他眼里如草芥，这样的人不值得交往。而有癖好和瑕疵的人，因他们胸怀赤子之心，不圆滑，不欺心，有点怪诞，甚至有点不合群，却自有一种飘逸的气度，能够成为真朋友。

苏州知名企业德胜洋楼在有关处理团队关系方面的一些设计让

我觉得很巧妙。

如果有员工出现了争吵的情况，甚至不协调、互相埋怨，那么公司的管理者一定会把当事人放在同一个小组里面工作，甚至安排一些只有他们共同配合才能完成的工作。其他企业常规的处理方式是把意见不统一或出现矛盾的人分开，避免发生进一步冲突，而德胜洋楼恰恰相反，想方设法让他们协作，合力完成一些工作，不可能让他们向激化矛盾的方向发展，只能是越来越紧密。

我觉得这个办法是非常有意义的，迫使人们不得不去适应这个团队，不得不跟别人配合，不得不放下恩怨。

德胜洋楼还明确要求所有员工上班必须带三样东西：工卡、笔记本和笔。这样做的目的是让员工在任何时候都能让同事提出援助的要求，比如同事遇到困难，请求你帮忙，而你必须拿出笔记本和笔，把对方提出的请求记录下来，然后认真地承诺做还是不做，做得到还是做不到，而且最后还要给对方结果，整个过程都要做记录，以示尊重。

德胜洋楼的以上设计对于整个企业的团队建设有非常好的帮助，看起来可能有点小儿科，有些幼稚，但是事实上它确实能改变一些东西，会使员工之间形成很牢固的协作关系。

现代社会由于分工越来越细化，对合作的要求也越来越高，一个人走向社会，如果不与他人合作，完全靠自己，是无法长久立足的，更别说有所成就了。自然界中，海豚合作捕猎才能让每一个成员都吃饱，单打独斗的狮子往往饿得骨瘦嶙峋。人也是如此，每天都在和别人打交道，很难避免宽泛意义上的沟通合作，因此合作的重要性是不言而喻的。

2. 测测女孩子的职场运势

> "对妇女能力的最佳考验不是孕育或儿童教育，而是她们是否能在社会和职场中积极参与并发挥影响力。"
>
> ——美国计算机科学家梅尔达·盖茨

奥斯卡影后哈莉·贝瑞曾说：被当作美女并未让我在生活中少受折磨，心痛没减少，烦恼没减少，恋爱一直都不顺利。这一段话我是在很多年前看到的，一直记在笔记本上，还经常跟很多女性分享这段话。在现代社会当中，女性投入职场，有很多的复杂因素，或者说要面对更多困惑甚至困难。

职场女性面临的四大困难

从个人角度来说，我觉得职场中的女性与同环境下的男性有很多共通的地方，比如为人处事、专业的职业素养，包括领导能力、解决问题的技巧等，但是女性必然多了一些特别的压力。我认真总结过，压力主要体现在以下四方面，这四重压力是男性不太容易出现，或者说女性表现得尤其突出的地方。

第一重压力是性别的平等。一些女性在职场会身不由己地受到来自性别平等的困扰。我之前查阅过相关的数据，女性大学毕业生的就业情况比男性更困难，初入职场就步履维艰。

通常人们会有一个刻板印象——男主外、女主内，这就造成了女性在职场中相较于男性的职业属性偏弱。现在很多职场女强人的形象逐渐被大家认知和推崇，但是在初入职场的情境下，女性更多反映出的是从属者的角色。

我经常会设身处地去思考，为了弄清楚女性在职场上面临的困难，我还翻阅过一些资料，了解到5种女性主义的主要流派：自由主义女性主义、激进女性主义、社会主义女性主义、马克思主义女性主义和后现代女性主义。虽然我分不清楚它们之间的差别，但是我知道不同的女性主义有不同的追求，有的认为女性就应该示弱，应该得到社会更多的关照，它本身就把自己放在了第二性当中。

我很早就读过一本书，是西蒙娜·波伏娃写的《第二性：女人》。作者阐述了从原始社会到现代社会的历史演变中，妇女的处境、地位和权利的实际情况，提出了女性获得经济独立的必要性，强调只有当女性对自身的意识发生根本的改变，才有可能真正实现男女平等，此书被誉为"有史以来讨论妇女最健全、最理智、最充满智慧的一本书"。

在思考相关问题时，我提出过一个观点：从全球职场女性的角度来看，中国女性其实是比较幸运的，因为进可以入职场，退则可以回闺房。

中国女性有两种选择的机会，既可以到前方去打拼，也可以选择被照顾，这是社会给她的选择。但是不同的社会情况是不一样的，比如欧美女性必须去打拼，因为不打拼就换不来独立和自由，甚至得不到平等的性别地位。中国的女性即使不打拼，自由一样存在。所以从一定意义上来讲，中国的女性可以工作、家庭两个方面都能照顾到，或者选择任何一边，她们有自由选择的权利。尽管这样，我仍然认为职场的女性困难多多。

第二重压力来自工作与家庭的平衡。职场女性全身心投入工作后往往发现自己的时间不够用了，工作和家庭无法兼顾，但是又想把二者都兼顾得很好，所以就会非常累。

一位女士在外地打工，她把独生子豆豆交给他的爷爷照看。豆豆很调皮，经常跟隔壁的小女孩妮妮打架。这位妈妈在外面一直很担心儿子，等到春节终于回家了，了解了两个小朋友打架的事后，她要带儿子一起到隔壁向妮妮道歉。豆豆非常委屈，说妮妮总说他是骗子。妈妈很奇怪，就带着他到了妮妮家，豆豆一见到妮妮，马上就抓住妈妈的手，然后对妮妮说："你看我没有骗你吧，我也有妈妈。"

这句话让人很震撼，豆豆因为妈妈长期不在身边，以至于妮妮认为他没有妈妈，所以他争辩说自己有妈妈，妮妮就说他是骗子，直到豆豆的妈妈回来了，出现在妮妮的面前，豆豆的委屈才得以平复。

一个在外努力工作的女人，把自己的家庭放下了，就会失去一些公平的对待，所以有些女性在家庭中扮演的就是"内"的角色，一旦走向外面，家庭就很难兼顾，进而经常受到指责。

我和一些男性讨论孩子教育的时候，他们认为妻子在家里带孩子纯粹是女性的义务，所以他们只是问问孩子学习怎么样，成绩怎么样，效果怎么样，很少真正参与孩子的教育。这样一来，女性对于家庭的责任就会被放大，因此她们很难处理好工作和家庭的关系。

第三重压力是指职场上的女性很难形成权威。女性在这方面要比男性困难得多，因为女性在职场总是首先被人用美丽与否来评估，而不是从能力上。

我认识一些非常能干的女性，由于漂亮，容易被议论和误解，真实能力的发挥就可能受影响，或者很难通过卓越的能力来建立自己的权威，这种状态是很多女性内心很难接受的，因为这样会破坏她权威性的形成。

第四重压力指的是女性在职场上发展和晋升往往比较吃力。企业高层普遍以男性为主，女性寥寥无几，因此在晋升人员的选择上，女性往往不被考虑。

一些国家关于办公室性骚扰有非常多、非常细节的规定，我印象当中有这么几条是很明确的：不合适的身体接触，包括触摸、拥抱和其他身体接触，如果没有得到对方许可的情况下还坚持这么做，就属于性骚扰；把一些亲密行为当作女性升职或提供其他工作机会的交换条件，这显然也是性骚扰；恶意传播性别歧视的言论或行为，导致工作环境不友好或带有敌意，这也是性骚扰的一种。所以，这方面规则越清晰、越明确，对于女性在职场中的定位和生存就越轻松，反之越模糊或过于宽松，职场女性的生存压力就越大，带来的困扰也就越多。

我对职场女性的三点建议

没有性别差异、男女平等是我理想中的职场环境，女性真正在职场上能够顶起半边天来，是我从内心深处的一种期望。我想给女性，尤其是职场女性提几点我个人的拙见。

第一，应该有充分的自信。用自己的能力证明你在职场上是合适的，是有前途的，在做自己热爱的工作，是能够给社会做出贡献的，一定要充满自信。

第二，如果遭到了性别歧视，应该及时提出来，甚至有些情况下是可以直接诉诸法律的。很多企业都有工会，在工会上提出自己的遭遇也是一个很好的办法，很多工会也有专门的女性委员会，可以通过相关组织来表达诉求，完全是可以做得到的。

第三，在很多场合给自己划定界限，制定边界，不要模糊不清。因为过于模糊很容易让别人误解，反过来给自己带来不必要的压力和麻烦，对于在职场上的发展和发挥是极其不利的。

还有一个问题也是值得讨论的，那就是女性如何对待自己的美，或者说如何建立自己的审美意识。适应世俗的审美，放在生活中其实并无大碍，但是站在一个管理者的角度，站在一个社会学的角度，我觉得这样可能是很危险的。因为有些女性在美的问题上花的心思太多了，可能会有三种危害：第一种，为美而伤害自己（比如医美）；第二种，影响自己在其他方面的追求；第三种，被别人错误地评判，更容易被歧视或受伤害。所以从审美的角度来说，我不支持人们无尽地追求自己在美上进行突破。大家都知道韩国的美容行业非常发达，曾经有一个笑话，说一个人在韩国饭店吃饭，隔着窗户看外面，一个美女走过去，一会又走回来，然后又走过去。这个人很纳闷，心说这个女人怎么在这里走来走去，其实这不是同一个人，而是好几个人，但是他看不出来，很多韩国女性经过各种医美之后面容已经变得非常相似了。

我在韩国的科技部上过课，看到前台接待我们的那些女孩，着装一样，而且长相也非常接近，妆容修饰更是非常精致，又拿着同样的苹果笔记本电脑，给人的感觉是非常整齐的。虽然这样会带来很好的审美体险，但是从个人来说，想要脱颖而出，难度其实是非常大的，要做非常多的努力。

我自己的公司曾经明文规定，女职员如果在与外界打交道的过程当中受到侵犯或攻击，那么可以放弃这个客户。有些事我宁愿不做，也要保护自己公司的女性职员，这其实是必须的。

所以从这个角度来讲，我呼吁或建议一些有规模的企业应该在内部成立女性职工委员会，以保障职员在未来与社会各种人相处的过程当中，或在为人处事的过程当中，受到一定的保护，减少或规避伤害，同时有效地保证企业能够发挥人力资源的优势。

卡耐基在《人性的弱点》一书中讲到有关女性的一句话，非常值得职场女性注意：女人最经济的自律是挣钱，最漂亮的自律是健身，最健康的自律是早睡，最改变气质的自律是读书，最安全的自律是经济独立。我把这一段话毫不犹豫地转述给了女儿，因为它意义重大，也希望与广大职场女性共勉。

3. 从爱出发，一生好运

> "大爱无疆，随处可见，滋养心灵、鼓励人类前行。"
>
> ——现代作家郭沫若

《朱子家训》有云："与肩挑贸易，毋占便宜；见贫苦亲邻，须加温恤。"《朱子家训》这句话非常深刻地表达了中国古代人与人之间的一种大爱思想。流传给子孙后代的朱家家训强调与底层老百姓打交道一定要宽厚，要体恤他们的疾苦，不要占他们的便宜。

朱氏家训给后世子孙传递了一个教育观念，就是与肩挑的小商贩交易，不要占他的便宜，碰到比较清苦的邻居，要多给他一些温暖，多给他一些帮助，这就是大爱。

兄弟之亲，首推苏家

什么是大爱？在我的意识当中分为两种：一种是兄弟之爱，另一种是亲友之爱。再往外延伸就是邻里之爱，然后再扩大就是众生之爱。

兄弟之爱，在中国古代称为悌，兄弟之爱是大爱的一种。兄弟之亲，首推苏家。我以苏家兄弟之爱的故事讲起。

世人皆知苏轼，但对苏辙知之甚少。其实兄弟二人同时参加殿试，又同时被录取，而且苏辙官阶不比苏轼低多少，后来由于苏辙仕途顺利，苏轼被贬，苏辙对哥哥苏轼多有照顾。

苏辙做人柔和，不像哥哥苏轼那般刚直，因此官运亨通。苏轼三次被流放，每次苏辙都想方设法地接济他。当时官家人丁众多，有很多佣人，所以苏轼被贬之后，家里吃穿用度非常紧张。弟弟苏辙经常拿些银两物资等接济他，所以兄弟感情非常好。

我读过苏轼给弟弟苏辙写的一封信《与子由弟二则》，信上写道："吾与足下相去一百一十五日矣！"意思是说苏轼跟弟弟苏辙已经有115天没有见面了。从"115天"就可以看出他们兄弟之间的感情很深。"日用不得过百五十，每月朔便取四千五百钱，断为三十块，挂屋梁上，平日用画叉挑取一块。"意思是说苏轼一家人每天的生活预算不能超过150钱，每个月月初的时候拿出4500钱出来，分成30份，挂在房梁上，每一天挑出其中的一份用掉就不会超支。从中可以看出预算是非常严格的，说明苏轼当时生活非常艰难。

哥哥苏轼被贬到黄州做团练副使，团练副使大致相当于今天的县武装部部长，这段时间他的日子过得比较清苦。苏轼号东坡居士，"东坡"也来源于此。苏轼的黄州生活很艰难，他租了一块荒地用来耕种，这个荒地没有名称，他就取名"东坡"，后来就以东坡居士自居。苏轼在黄州为了养家糊口只能开荒种地维持生计。

苏轼通过书信跟弟弟苏辙讲述自己家里生活的艰难，能够把自己生活的窘境老老实实讲给弟弟听，说明他对弟弟无限地信任，也说明他们之间关系非常好。

苏轼在《沁园春·孤馆灯青》里面写道："当时共客长安。似二陆初来俱少年。有笔头千字，胸中万卷，致君尧舜，此事何难。"意思是当初我们两兄弟就像两个姓陆的人一样，跑到长安居住，那个时候二人虽然年轻，但是文笔很好，文章写得漂亮，才华横溢。我们有能力成为侍奉尧舜明君的大臣，青春年少，志向高远。词里面回忆两兄弟当年的意气风发、才高八斗、相互欣赏，而且前途无限。从这首词中可以看出兄弟二人感情确实一直非常好。

苏轼写过一首著名的词《水调歌头·明月几时有》，他在序言中写道："丙辰中秋，欢饮达旦，大醉，作此篇，兼怀子由。"大意是这一年的中秋，我通宵饮酒非常快乐，喝得大醉，作这首词也同时怀念我的弟弟子由。

"唐宋八大家"中有三位来自苏家，分别是苏轼的爸爸苏洵、哥哥苏轼和弟弟苏辙。所以苏轼和苏辙之间的兄弟情谊处处体现了互相尊重和爱，确实是现代兄弟相处的典范。

朋友之爱，胜似兄弟

我有一个朋友，有一次我给他们领导班子讲完课后，晚上一起吃饭，饭局中间他突然跟我说他要发两条短信，因为今天正好有两个人过生日，他不能不表示。

后来我很好奇地问他：他们分别是什么人？他跟我说，一个是他的亲弟弟，一个是他特别好的哥们儿。然后我就很好奇地进一步问：你给这两个人发的短信是什么内容？他就拿给我看，我看了很受感动。他给弟弟发的短信内容是：兄弟，我们是很好的朋友，祝贺你的生日。他给朋友发的短信内容是：哥们儿，我们是很好的兄弟，祝贺你的生日。

他做了一个身份的交叉，他把胞弟看成非常好的朋友，就像苏轼和苏辙一样，同时又把他最好的朋友看成亲兄弟，所以短信发出去后，对方一定会很感动。

所以一个人在处理兄弟和朋友的感情关系时，如何处理得妥当其实也是需要大爱的，当然也需要一些技巧。这个事情对我的影响还是很大的，给我留下了很深的印象。

再讲一个大爱的故事。一个小男孩从小一直跟着他爸爸长大，他在长到10来岁的时候，经常问他爸爸为什么不给他找个后妈？因为他从小就没有见过妈妈，所以他觉得爸爸一个人带着他很辛苦，总是劝爸爸给他找个后妈。他爸爸笑着说，他这一生只爱他妈妈一个人，所以一直没有找人结婚。后来孩子长大了，爸爸跟他说自己要结婚了，但是这个孩子看到他爸爸要找别的女人结婚，就非常气愤，因为他爸爸原来讲了一生只爱他的妈妈，不可能再去娶别人。他说爸爸是个骗子，后来他爸爸就没有再提这个事，很多年之后，他的爸爸就去世了。

当初的小男孩也人到中年了，有一次整理他爸爸的遗物时，发现了一张自己婴儿时候的照片，照片的背后有这么8个字，极其震撼：战友之子，当如吾儿。他突然明白了其实他们不是亲生父子的关系，是爸爸的战友养大了自己。战友的妻子一直都在，爸爸战友为了这个孩子，不想公开这个关系，一直悄悄地把他带大，等孩子已经成人了，才正式提出想跟妻子一起生活。但孩子不理解，很生气，整个事爸爸战友始终没有跟孩子说。爸爸战友即使被"儿子"误会，也始终坚持自己当初对孩子亲生父亲的承诺。

一个人真正的大爱，不仅表现在亲人身上，还表现在其他的朋友，包括这个故事里面的战友的身上。我长期以来对一些人的特别行为，从内心深处表示敬意，就像故事里战友这样的行为，能够把爱放到一个未来不可能有回报的人的身上，其实这是非常崇高的表现。

我在这里引用人类学家罗宾·邓巴提出的社交法则"150定律"：一个人的一生当中稳定好友的上限是150人。人们如果能够把爱延伸到自己的朋友身上，其实最高也不过是关注、爱护和帮助

150 人而已。真正的大爱要超出这个范围，它是普世的，或者叫普惠的。

还有一个故事说明了这其中的道理。有个年轻人到卖碗的店里去买碗，顺手拿起一只碗跟自己带来的碗进行碰撞，然后通过碰撞的声音判断这个碗的成色。碗和碗碰撞发出的声音如果是沉闷的、浑浊的，那么这个碗的品质可能不够好。

鉴别景德镇的瓷器有一个方法：声如磬、薄如翼，瓷器很薄，声音很清亮，就是好瓷器。可能买碗的人也是这么想的，他在这个店里连续挑了好几个，都没有碰到一个满意的。

后来老板以为自己店里的瓷器不够好，就拿他带来的碗仔细瞧了瞧，结果发现年轻人带来的碗本身就是个次品。这个故事告诉人们，如果想得到爱，那么自己必须付出爱；拿来的碗是上等品，那么拿它去试别的碗就能试出上等品。人们如果真的讲究大爱，那么不仅要从别人那里得到，更多的是要自己付出。因为只有努力付出，才会得到社会的大爱，才能在大爱的环境当中成长。

也许有人会问我：你对于大爱是怎么做的，如何去践行？在这方面我并不是做得有多好，但是确实一直在努力。兄弟之爱，我在自己的能力范围内，照顾好家人，包括我的弟弟、已经成家的妹妹和妹妹的孩子们：读书有困难的，我一定负责到底，我一直这么承诺也是这么做的。择校有困难，想选个好的学校读书的我也尽量想办法。我和弟弟是我们村唯一没有正式分家的兄弟。大家庭的公共事务，一般都是弟弟出力我出钱。当年弟弟在东莞打工比较成功，买车买房，后来还办了一个小小的机具厂。因为父母上了年纪，我们兄弟商量，弟弟返回乡村，重新创业，便于照顾二老。创业投资则由我负责。我家因此从未出现兄弟之间、婆媳之间或妯娌之间发生争吵的事。

朋友之爱，我要尽可能对更多的同事、对更多的朋友予以适当的方便。2024年的一次跨年演讲中，我讲过这么一段话，大概能够表明我对大爱的认知：我想做一条梭鱼，长在深海，追光而行。我一定要尽一份力帮助中国企业走出艰难的时期，尽可能带着它们向光亮的地方走去，安然地度过比较艰难的2024年。这是我对大爱的理解，也是我的践行。

最后我用两段话总结关于大爱的概念，鼓励人去迎接未来所要面对的社会和众生。

一句话是胡适所讲：人与人之间最低层次的关系是利益，往上是情感连接，最高层次是价值观的认同。我相信大爱是最高层次即价值观认同的一部分。

第二句话是罗曼·罗兰所说：真实的、永恒的、最高级的快乐，只能从三样东西中获得，即工作、自我克制和爱。当然这个"爱"我相信一定是前面所说的大爱。

4. 从爱情到婚育，人生如何行稳致远

> "生小孩的前提，是你已经证明人生是快乐的。"
> ——捷克小说家米兰·昆德拉

爱情就像存在银行里的一笔钱，能欣赏对方的优点，这是补充收入，能容忍对方的缺点，这是节制支出。

职场上，同事对你的要求没那么高，不会强迫你必须怎么做，因为你们之间没有过于紧密的联系。但是婚恋对于家庭来说是不一样的，无论是处于爱情中还是身在婚姻中的人，都要比单纯的父子或母女之间多了一层复杂性。这种关系处理起来难度更大，主要原因是需求匹配度低，可能需要通过很多事来磨合，所以一些伴侣在谈恋爱的时候关系一直很好，但是一旦涉及婚姻、生育等关键问题时就会有较大的分歧，尤其是有了子女或孩子慢慢长大了之后，一些伴侣的关系就变得特别平淡，可能都忘了什么是爱情。

爱情到婚姻的组织变革

关于爱情的问题，台球高手潘晓婷曾经讲过一句话，我觉得总结得非常好：最美的爱情莫过于一见钟情之后日久生情。我觉得她是非常理解爱情的。

很多年轻人跟我交流时问我：对于爱情来说什么最重要？我经常会用这么一句话来回答：爱情一定要有冲动。当然只凭冲动肯定不够，但是如果连这个都没有，就很难会成为真正的爱情。

我是学中文的，大部分学中文的人都听过一句话：爱情是文学永恒的主题。正因为它是永恒的主题，所以没有人能把它说清楚，我亦如此。但是有一句话我觉得说得很有道理：不要让一个傻瓜吻你，更不要让一个吻把你变成傻瓜。在爱情的问题上，不要太草率，如果你还没有看清楚一个人就匆匆忙忙投入爱情，风险就太大了。

我一直认为，从爱情到婚姻是人生的一次重大的组织变革，"组织变革"是我们常用于企业的一个词组，婚姻带来的家庭结构变化也确实是一次重大的组织变革。过去单身状态有很高的自由度，一旦涉足婚姻，就进入了一个非常严格的组织结构——家庭，很多人会发生非常深刻的变化。

我一直不认同"婚姻是爱情的坟墓"这个说法，但是"相爱一生"确实需要投入很大精力和心血去维护，特别是保持恋爱当中那种高纯度的爱，其实是非常难的事情。所以在这种现实面前，涉足婚姻就需要考虑很多问题。关于这些问题，我有一些思考。

涉足婚姻的人，社会关系会突然变得复杂起来，原本并不熟识的人快速地建立起连接，岳父母、公婆以及很多其他亲戚往往会让人"头大"，多了一大堆七大姑八大姨的往来，少了原来恋人之间的私密；经济上有更多的负担，有了更多的责任，这些都是由婚姻带来的。婚姻在给人们带来幸福的同时，确实带来了更多的责任，也给人的社会关系带来了更复杂的局面，对为人处世也提出了更高的要求。

子女带来的家庭结构升级

随着新家庭的组建，子女会在不久之后出现，这时家庭结构就开始了升级，人们的生活会变得更为复杂，产生了养育孩子的责任和教育子女的义务。部分家长没有进行过任何的培训或考核，就直接开始了"试验性"教育。

我的孩子比较多，后期的教育逐渐成熟，但是现在回忆起来，我 24 岁迎来了大女儿，自身很多方面还都不成熟，尤其是心智没有达到基本的成熟。

我当时对于如何喂养、如何教育她是完全没有概念的，只是跟着家里人进行简单的模仿，就这么稀里糊涂地过来了。当我知道应该如何教育和抚养孩子，以及如何尽到一个父亲的责任时，大女儿已经上大学了，所以我一直对她是有愧疚感的。

我还算比较幸运，迎接第二个孩子后，对于家庭教育、子女抚养已经有了一些认识。特别是到第三个孩子时，我太太在去香港分娩前，我们在东莞候产了一个月，在这一个月的时间里，我一口气读了 70 本有关子女教育的书（书目见附录 6），其中有四五本是精读了的。

我在过去上师范学校时学过一点教育学的基础，经过这一次深入认真的集中学习，再加上前面带两个孩子积累的一些经验教训，使我从教育第三个孩子开始变得比较成熟。从现在的效果来看，我确实觉得对于后面两个孩子的教育是比较成功的，这得益于我前面的尝试和试验，包括集中学习，只有一个孩子的家长则根本没有这种"实习"或"试错"的机会。

因此从这个意义上来讲，把孩子培养成一个身心都健康的人，已经是一个很高的标准了。况且有些人对于自身也有很高的要求，在家庭结构升级后，人际关系更复杂了，为人处世的难度也更高了，多重高要求和高标准下，人的压力之大可想而知。因此很多人在家庭问题上、在婚恋问题上、在子女的生育问题上有一些自己的思考，我深表理解，同时也深表同情。

　　事实上有了孩子之后，不要说对孩子的教育，家长在很多别的方面也是完全不自由的。比如我家从北京搬到珠海后，我找到一个心仪的幼儿园，在旁边买个房子住下来。这时我不能选择我更喜欢的房子，必须牺牲其他的追求来应对孩子给我们带来的太多复杂性。

　　对于职场，处理的维度就更复杂了。因为你现在不是一个简单的就业者，如果青年时代跳槽还算比较简单的话，有了孩子后你跳槽的压力就非常大了，在职场上选择的机会也变少了。

　　综合以上这些情况，我想给即将面临婚育或已经涉及相关问题的人们提一些个人建议：第一，对于不断拉高的标准要有足够的思想准备。第二，加强学习，不断地进修，让自己能够得到同步的提升。这样才能有效地完成每个阶段的任务。当然要做到非常良好的驾驭，那是更难的事情，需要更深刻地学习。

　　还有一个问题值得讨论，就是单亲家庭。我个人认为很多有修养的人，或者是有知识的人、对孩子更负责的人，虽然夫妻双方分开了，但是对孩子还是一如既往地尽心尽责，对孩子的保护可能依然比较好。孩子能够同时得到多方的爱，也能减少单亲家庭对于孩子造成的影响。

　　单亲家庭中家长重新组建家庭是一个更复杂的问题，我认为每个人都有选择的自由，离婚的另外一方不应该给予更多干预。如果孩子已经成人，任何一方如果有新的选择，应该征求孩子的意见。如果孩子还小，那么要给孩子一个铺垫，让他逐渐接受陌生人的介入。我也希望年轻的孩子尽量理解自己的父母，他们有选择的余地，或者至少有选择的机会，有选择的自由，尽量更宽容地对待他们。

在婚育观上尊重子女的选择

我女儿在青春期谈恋爱,我从来不干涉,她是否谈了男朋友、叫什么,我也从来不问。有一次她可能以为我想了解,就主动跟我说:"爸爸,我要是哪一天带着男孩子来到你面前,那一定是我婚姻的倒数第二步。"我是这么回答她的:"连这一步都可以省掉,因为你马上要结婚了。当然带过来,我也会认真交流一下,心里好有点底,不过决策权本来就在你的手上,你对自己的行为负责就行了。所以根本就不需要过'质检'的环节,但是婚礼最好邀请我参加。如果你们不办婚礼,旅行结婚或以其他形式,我也是支持的。"

每个人都是独立的生命体,是完全自由的,我认为有些家长限制和干预子女,都是出于个人的主观判断,只要法律允许就不存在"不对"。家长参与的目的就是想促成子女的幸福,但是孩子现在已经很幸福了,家长就没必要把自己的意志强加给孩子。

作为家长,特别是我们这一代的年纪比较大的家长,在孩子长大后,或者是到了适婚适育年龄,一般都会比较急切地希望孩子及时成婚,及时生孩子。这里面不乏长辈想抱第三代的迫切,也包含一种很强烈的对家族延续的愿望,但事实上孩子有自己的人生轨迹,我们带他来到这个世界是让他品味人生的,而不是让他成为我们私有资产的,任由我们来支配。

孩子都有自己的打算,包括什么时候结婚,什么时候生孩子,或者生不生孩子,都是他作为生命个体的选择,这种选择家长有可能会不喜欢,但是从法律的角度来说,家长是无权干涉的,更不能一味地要求他,给他施压。

我提倡家长可以心平气和地和孩子商量,两代人之间要相互尊重。每个人在家庭当中都有自己的角色、定位和职责，如儿子有儿子的职责，父亲有父亲的职责，父亲没有权利强加给儿子"生育"的职责，商量才是解决问题和达成共识的有效方法，而不只是简单地安排或下命令。

我并不支持年轻人不生孩子，但是即使是我的儿子，如果以后他选择不生孩子，我仍然表示理解，并且接受，这是我的态度。我不是反对什么，而是想站在孩子的角度去帮助并理解他。现在一个25~30岁的年轻男孩，面临的压力是巨大的，不仅要熟悉、适应社会，如在工作中寻找方法，跟同事打交道，跟老板打交道，还有更多的经济压力和恋爱中的感情压力，当然更有一大堆的专业知识带来的学习压力等，如果这个时候他还要面对生孩子的抉择，压力就会提高几倍甚至更多。

不论是经济压力还是未来的教育压力，很多青年人其实还没有准备好，应该让他们多想一想，我觉得家长应该给予理解。如果孩子明确表示暂时不结婚，或者暂时不生育，甚至要做丁克，那么作为家长，也应该有一个比较好的态度。人类社会走到今天，人要直面新时代带来的新观念，保持一个开放的态度，尊重孩子的个人选择权和自主权。

有些传统的观念，即使我们这一代人认为是无可争议的，但是这些人生观不一定就是正确的，子女未必要完全跟家长保持一致的人生观，这是不合理的。

所以我明确地跟家长们表达一个观点：当你想让子女考虑生育的时候，必须找一个时间心平气和地跟他们商量，而不要把它作为一种责任让对方必须去承担，必须去兑现。对于这种特殊问题的沟通，尊重孩子的选择，才是家长能给予他们最大的爱。

婚育话题在慎重、认真对待的同时，更要有一个和谐、尊重的沟通环境。爱情是一回事，婚姻又是一回事；组成家庭前是一回事，组建家庭后又是一回事。每个人都应该好好思考自己在这些"事"中应该扮演什么角色，并履行好自己的职责和义务。

5. 带着孤独一起玩

> "只有那些勇敢的人才能面对孤独，并且从中找到自己的力量。"
>
> ——美国成功学大师戴尔·卡耐基

一个人待久了就会无聊，但是人生大部分时间都是一个人独处，克服无聊就成了人生必修的课程。克服无聊有很多方法，我认为最重要的就是必须培养自己对某一件事情长久的热情，而且要做到在这种热情上不受外界因素的影响，学会享受孤独，就像一首歌中唱到的："避开大家无聊之中勉勉强强的热闹，开发自己能够得到孤独中的欢笑。"

我的儿子有很多爱好，而且爱好大多是很深刻的，因此他绝对不会无聊，因为随时都有事情做。我带他与我的朋友吃饭，他随身带着一个魔方，他在等菜的时候就开始玩起来。我的朋友打趣地说要看他玩魔方的水平，他很大方地表演起来，在15秒以内把随意打乱的魔方恢复原样，得到了在场人的不断称赞。这对他来说是一个很美好的过程，建立成就感的同时还是一个拉近人际关系的有效方法。找到自己可以持续倾注热情的事情，并尽可能多地发掘，人就容易克服无聊。

排解烦恼孤独的两点思考

对于无聊、烦恼、寂寞、孤独等情绪，有些人总是修改目标，就是不改方法，导致无法走向成功；成功的人在无数次地修改方法，但是对于目标绝不轻易改变。

如果说无聊可以靠热情、靠对事情的关注、靠培养自己的爱好来解决，那么烦恼相对来说则是比较难应对的。在职场中的人尤其如此，他们每天会遇到无数的烦恼，应该怎么处理？其实我的观点是：烦恼是一种心病，只能由心来治。以下两种解决方法可供选择。

第一，努力使你的境界更高远。当你关注天下事的时候，身边的小烦恼就不是问题了，就像我给一位朋友的建议：当你去当市长的时候，再也不会为买的衣服的颜色不是特别恰当而伤脑筋，当你有更高的人生追求时，当你瞄准前方更广阔的世界时，身边的琐事还会让你烦恼吗？

第二，有能力让自己很快忘掉这些烦恼。我给很多人推荐过一本书——卡耐基的《人性的弱点》，里面讲了一个"隔舱理论"的概念：当潜艇在水下受到鱼雷等的攻击，船体的某处破了一个洞，但由于每个舱是完全隔开的，不至于使整个船体沉下去。人生也是这样，人如果在某一个点上受到某种伤害，一定要用强大的内心把它"隔离"开，并想办法处理掉，这样才会使整个人不至于受到这种烦恼的干扰。

以上两点是从心理层面说的方法，其他外部方法也可以实现，如运动，通过运动让自己获得兴奋感，驱除烦恼。我提倡人们还是从修心层面来强化自己，我提示一个词叫"无家可归"，字面意思来看就是没有栖身之所，事实上这个词可以反映在很多方面，其中很重要的一个方面就是"心灵没有地方安放"。如果心灵无处安放，找不到对话之所，人就会认为尊严被剥夺，觉得受到了外界的排斥，自然会非常苦恼，因此加强内心的修炼就尤为重要。

在生活中寻找趣味

朱光潜是中国美学的大咖,关于闲静,他曾经讲过一段话:你的心境愈空灵,你愈不觉得物界沉寂,你的心界愈空灵,你也愈不觉得物界喧嘈。麻木不仁的人就不然,你就请伯牙向他弹琴,他也只是联想到棉花匠弹棉花,世界上最快活的人不仅是最活动的人,也是最能领略的人。所谓领略,就是能够在生活中寻找趣味,领略趣味的能力固然一半由于天资,一半也由于修养。大约静中比较容易见出趣味,一般人不能感受趣味,大半因为他心太忙,不灵空,所以就会碰到很多的麻烦。假如你把自己看得伟大,你对烦恼当然就会不屑。假如把自己看得渺小,你对烦恼就会看得不值得。

我的老家曾经有一个非常著名的文化人,他就是陶渊明的曾祖父陶侃。相传陶侃曾经有一段时间罢官闲居在家,当然会有一点不适应,会有一点烦躁,于是他就经常跑出去搬砖。古代的土坯砖是很大的,他早晨把100块砖搬到一个地方,到了傍晚又搬回来,每天都搬来搬去。

有人就很好奇地问他:你怎么做这样无聊的事。他说了一句话:我有志于整个国家的治理,但是现在没有事做,如果太闲了,我以后就做不成事了,所以一定要让自己忙起来,没事也要去找一些事做,这样才会把烦恼驱赶走。

他给后人留下了这么一句话:大禹圣者,乃惜寸阴;至于众人,当惜分阴。大致是说圣人大禹都珍惜每一寸光阴,至于普通人更应当珍惜每一分光阴。每个人都应该非常有效地利用好每一分每一秒,这样才不会让自己的心智被琐事占据,为琐事烦恼。

人为什么喜欢去热闹的地方?我认为因为那里有人群,寂寞无聊的人总是需要他人的陪伴。但是这种陪伴只包含两种情形：第一，为了利益需要而开拓人脉，仅仅是以功利为目的；第二，廉价的人际交往，只是寂寞者的相互取暖。事实上**人要学会独处，学会享受孤独**。

古代早已有"慎独"的说法，一个人独处的时候要坚持自己的立场，做合理的事，更要做遵守道德的事，当然这是圣人对自己的要求。孤独是一个人的狂欢，狂欢是一群人的寂寞，寂寞是无可慰藉的牢笼，因为寂寞的人无所适从，焦躁不安，他们的思想从贫瘠到荒芜，产生自我厌弃感。而孤独不是故作姿态，它是一种心境，沉默未必是孤独，孤独没有任何形式，那是孤独者精神上的自我流浪。

装出来的叫浮躁，那是一种虚荣心，是为了招揽目光，所以真正不怕孤独或能享受孤独的人，才是一个很了不起的、有自我修炼能力的人。

当代年轻人感到无聊的四大症结

现在很多在职场上的年轻人一直觉得自己很寂寞，很无聊，或者有很多烦恼，我根据一些经历和所见所闻，认为原因主要涉及以下四个方面。

第一个方面，读书太少。我记得有人讲过一句话：没有一种寂寞是读书所不能排遣的。我非常认同，因为当你能够有效地拿起一本书读的时候，是不可能有寂寞感的，也不会有烦恼。

读书是非常有效的排遣寂寞和烦恼的办法。特别是读一本好书，如同在和一位智者对话，如果可以培养并逐渐进入这个境界，你就一定能自如地抵御寂寞和烦恼。

第二个方面，不善于处世。简单说就是社交与沟通能力弱。任何人都需要心灵上的慰藉或倾诉的机会。如果你只是在手机上展现自我，那么就失去了与现实中的亲人、友人、爱人深度交流的机会。

封闭自我对人生是不利的，要主动走出去，培养信得过的朋友。任何人都要有两三个这样的知己，当碰到一些不顺畅的事情，感觉到寂寞无聊，或者正在被一些烦恼困扰而无法驱除，有一个可以倾诉并提供建议的渠道无疑是最好的。

第三个方面，爱好匮乏。爱好越少的人，越容易出现焦躁、寂寞、无聊的烦恼情绪，所以一定要让自己多几个爱好，深不深刻、有没有用都不那么重要。所以我鼓励孩子培养自己的爱好，越多越好。

第四个方面，不喜欢运动。运动对人而言有很多作用，不仅可以让人拥有一个更好的身体状态，还有一种非常独特的效果，即能使人的心境发生改变，感觉到自己是阳光的、有力量的，能够有效驱除那些孤独带来的负面情绪，摆脱烦恼。

我记得几年前有部印度电影，叫《摔跤吧！爸爸》，影片中的孩子非常喜爱运动，不会寂寞也不会无聊，更不会无缘无故地烦恼。人通过运动获得充实感和力量感，这种效果是很难通过别的方式获得的。

最后我想把一位僧人赠予我的一句话分享出来：过去事过去心不可记得，现在事现在心随缘即可，未来事未来心不必劳心。这句话一直提醒着我如何修心，驱除烦恼，以美好的修行对待众人，以优雅的言行与别人相处，获得社会的接纳，摒弃日常生活当中没有必要的繁杂。

6. 外面的世界有精彩，也有无奈

> "最高明的处世术不是妥协，而是适应。"
> ——德国作家吉姆梅尔

"外面的世界很精彩，外面的世界很无奈。"这句歌词相信很多人都有共鸣，它道出了错综复杂的世界带给人们的喜悦和忧愁。那么，孩子眼中外面的世界是什么样的？作为家长又应该如何让孩子正确认知外面的世界呢？

外面的世界不那么"纯净"

我认为家长要给孩子传递一个观念：我们所处的并不是一个过滤后的纯净世界。任何事并不是一分为二的非黑即白，而是有大量的灰度空间。

一些家长会习惯性地给孩子描绘一个相对纯净的世界，尽可能不给他们披露更多社会的另一面，但事实上我们所处的这个世界并不完美，它是有灰度空间的。

人们容易受一种思想的影响，那就是"一分为二"。我记得小时候看电影时，对于每一个出场的人物，我都能马上分辨出他是"坏人"还是"好人"，但事实上这样简单地划分没有什么依据。任何事都可能是好的，也可能是坏的，也有可能处于好和坏中间的地带，家长必须给孩子一个完整的世界。

当然，人们要想在这个世界友好地生存下去，或者过上比较幸福的生活，就需要正确认识和对待、正面参与和融入。

有人说"永远在射程之外才是最好的防弹衣"，如果不想参与或坚决不进入其间，那么你当然是安全的。但事实上人既然生存在这个世界，谁又能选择逃避呢？所以还是应该站在一个比较完整的角度去看待这个世界。

我在青年时代读过比尔·盖茨写给美国大学生的一封信，当中提到"11条生活准则"，分享出来，相信大家会有一定的收获。

第一条，生活是不公平的，要去适应它。

第二条，这世界并不会在意你的自尊，这世界指望你在自我感觉良好之前，先要有所成就。

第三条，高中刚一毕业，你不会一年挣4万美元，你不会成为一个公司的副总裁，并拥有一部装有电话的汽车，直到你将此职位和汽车电话都挣到手。

第四条，如果你认为你的老师严厉，等你有了老板再这么想，老板可是没有任期限制的。

第五条，烙牛肉饼并不有损你的尊严，你的祖父母对烙牛肉饼可有不同的定义，他们称它为机遇。

第六条，如果你陷入困境，那不是你父母的过错，所以不要尖声抱怨我们的错误，要从中吸取教训。

第七条，在你出生之前，你的父母并非像他们现在这么乏味，他们变成今天这个样子，是因为这些年来他们一直在为你付账单，给你洗衣服，听你大谈你是如何的酷。所以如果你想消灭你父母那一辈中的"寄生虫"来拯救雨林的话，还是先去清除你房间衣柜里面的虫子吧。

第八条，你的学校也许已经不再分优等生和劣等生，但生活却仍在做出类似的区分，在某些学校已经废除了不及格分，只要你想找到正确答案，学校就会给你无数的机会，这和现实生活中的事情没有一点相似之处。

第九条，生活不分学期，你并没有暑假可以休息，也没有哪位雇主乐于帮你发现自我，自己找时间做吧。

第十条，电视并不是真实的生活，在现实生活中，人们实际上得离开咖啡屋去干自己的工作。

第十一条，善待乏味的人，有可能到头来你会为一个乏味的人工作。

比尔·盖茨把一些生活中的不平等或不那么友好的事讲出来，这些事对于没有踏出家门的年轻人和在家庭温室里成长的孩子来说都是值得思考的宝贵财富。这个世界并不完美，人们也无须整天抱怨，要学会适应这个世界，清醒地面对这个世界，积极地参与这个世界。

我儿子的学校有门课程叫"社会课"，内容是让孩子的家长到学校给孩子分享一些自己身边发生的事情，或者自己熟悉的领域，让孩子增长一些见识。有一次我儿子回家谈到了社会课，他的观点是社会课应该真正去介绍社会，不是像设计师讲设计的作品多么漂亮一样，而应该具体去讲如何竞标，如何拿到单子，如何绞尽脑汁地做设计稿，如何让客户更满意。

我个人同意他的观点，认为应该让孩子多接触社会，不只是展现好的东西，也不需要遮挡和过滤不好的。有些问题就是客观存在的，让孩子去适当地接触了解这些事，其实不是坏事。我有一次跟儿子谈到歌曲的时候，我就一直认为歌曲都是正能量的，但是儿子告诉我其实有些歌是不怎么正派的。他就举了一个例子，提了一首英文歌曲，他统计这首歌的歌词里有132个词语是不雅的。这说明，他们生活当中其实非常容易接触到这样的事物，如果家长和学校总是刻意避开，什么事都不告诉孩子，只给他经过我们反复过滤的纯净社会，这样对孩子其实没什么好处。纵观社会上一些学校发生的案件，其实都源于成年人在某一方面没有给孩子一个有效的提醒。

延伸到社会问题，我想聊聊"要不要跟孩子说日本的核污水排放"。我是会跟孩子讲这件事的，社会一定会有很多事，可能是好事，可能是不好的事，要让孩子知道这个世界的全貌。如果我们给孩子一个过于干净的世界，未来他就很难接受和应对"世界并不完全干净"的事实。

我跟孩子讨论这个话题的时候，主要讲日本的核污水会形成怎样的污染，他们经过一个装置来处理，之后以每天大概200吨的量排到一公里之外的海洋。我跟儿子说，核污水里的氚元素是很难被消除掉的，至少是人类目前没有能力完全清除的有害物质，那么排放之后会不会对海域带来危害，这要看几个方面：第一，海水对它有没有净化和沉淀作用；第二，什么时候能够通过洋流到达中国的近海；第三，到了近海，对海洋生物，特别是海鲜食物有没有破坏力，到目前为止还是不得而知的，因此我要持续去观察和跟踪；第四，告诉孩子如何去对待被污染的海洋生物。这就是我要给孩子的东西，同时通过这个事情还可以给孩子一个非常重要的提示，那就是人类到现在为止，科学的发展其实还处在一个"少年"时期，人类对很多事情的危害其实是不清楚的，包括对核污水的处理。我给孩子讲这个事情是有积极意义的，能够让他提高未来探索和参与科学研究的兴趣，培养强烈的责任心和使命感。

青少年"社恐"是怎样造成的

我认为青少年社恐大多是因其父母造成的,现在一些孩子之所以"社恐",不愿意走出去,不敢更不知道怎么和别人交流,怕受挫折,大多源于家长对孩子的照顾太好了,太全面了,孩子很多事情都不需要自己做,甚至根本没机会接触。这是非常危险的。

我有一个学生是一个五星级酒店的老板,有一次中秋节前他打电话说要给我送两盒月饼,我说我会让我儿子去联系他取月饼,那年我儿子12岁。我通知我儿子去取月饼,并叮嘱他一定要做三件事:第一,打电话给这位老板约定取月饼的时间和地点;第二,一定要坐车到这个酒店;第三,进了酒店一定要说我是谁,我要找谁,我到礼宾部来取月饼。当然,我儿子完成得很好,是因为我在他三岁左右的时候就带他到酒店去吃早餐,虽然我不住酒店,但是我还是带他进入社会,体验社会,主动跟社会交流,甚至在社会上碰壁都是非常重要的事情,家长不能像母鸡护小鸡一样把孩子保护在自己的翅膀底下。

为了让孩子以后迈出家门更适应社会,我认为家长应该在家庭环境中就尽早"放手",这个"放手"不是不管,而是尽量让孩子自己去面对、去做事。

儿子初一升初二的暑假,我把他带进了我的直播间,目的是让他学习面对与社会交流。此前,我就多次跟他讨论时代的变化、人与人的交往、人们的消费习惯由线下转到线上,因此必须早日"触网",早点了解自媒体、平台、网红、主播、直播、带货等内容。我们还聊到等他到16岁时要考虑给自己开帐号,上大学就要用自媒体挣钱。因为,这是趋势。

儿子很懂道理,被我说服,答应了,勇敢地进入了我的直播间，我直播间的网友给他提了一系列的问题，他根据自己的认知真诚回复，表现好极了。整个过程，他表现得条理清晰、用词准确、语句干净，得到网友的一片赞叹。

下次，我想带 11 岁的小女儿进直播间，跟她漫谈她非常熟悉的三国人物。我想，她肯定能谈得很好。

7. 人生那些需要守住的底线

> "贪吃蜂蜜的苍蝇准会溺死在蜜浆里。"
> ——美国思想家爱默生

人生可以适当游戏，但不可以游戏人生。我想先跟大家讲一讲我从印度圣雄甘地那里得到的一些思考。

甘地曾经明确给他的国民提出了一段警示语，他说人生有几样东西可以毁灭我们：第一是没有责任感的享乐；第二是不劳而获的财富；第三是没有是非观念的知识；第四是不道德的生意；第五是没有人性的科学；第六是没有牺牲的崇拜。以上是甘地提出的足以毁灭人的六样东西，也可以把它理解为人生不可触碰的底线。

我根据自己的人生经验和所学所得总结了几条人生底线，其他事都可以有商有量，在这些事上一定要保持好界限和原则。

人生观不能是空洞虚无

每个人都要积极合理地规划自己的人生，时刻保持一个目标，避免进入虚无主义的状态。换句话说就是必须对自己的人生负责任，这是我认为的做人的第一底线。人们不能把自己的一生弄得极其混乱，完全没办法收拾，这是绝对不可以的。

用现在的话来讲，这条底线叫正能量。

我记得我当年上大学的时候，充满了对学习的热情，真是如饥似渴。我坚持泡在图书馆，坚持到阅览室做笔记，离开学校的时候，我做的笔记卡片有 1 万多张，前不久我们在搬家的时候把它翻了出来，用绳子串起来固定好，摞起来非常高。

当然，这些笔记到今天没有任何作用了，因为这些知识早就过期了，但是从笔记中可以看出，我当时是奋发向上的，到今天为止，我仍然坚持人生必须奋发向上的理念，人生必须追求有为，不能让它变成一个空洞。

三观没对齐不要深交

人们在平时的社会交往当中，一定要去交往与自己三观比较接近的人，如果这方面不多加注意，会让人生变得很混乱。自古以来就有"近朱者赤、近墨者黑"的说法，跟什么人相交非常影响未来的人生，所以我提倡三观没对齐不要深交。

在这个问题上，其实我们可以通过很多细节去鉴别一个人值不值得交往，比如有些人自吹自擂或吹捧别人上了天，但是中伤别人特别刻薄，跟这种人交往就会非常吃力，吹捧自己是自欺欺人的痛快，中伤别人是有损自己的卑劣，都不是积极正面的观念。有的人在金钱上过不了关，要么斤斤计较，要么对别人特别吝啬，与这样的人交往也会带来非常多的麻烦。还有的人特别小心眼，老是琢磨他人与自己的关系，甚至别人皱个眉头他都会思考半天，与这样的人相交就会非常累。以上只是一些举例，人在选择跟谁交往的过程中，其实需要更认真地琢磨。

美国著名物理学家李·斯莫林说过：当思想改变你的思想，那就是哲学；当上帝改变你的思想，那就是信仰；当事实改变你的思想，那就是科学。当一个人既没有思想，又没有信仰，还罔顾事实的时候，远离他，不要浪费你的宝贵时间。

所以从思想的角度来说，一个没有哲学信念或没有信仰，还不追求科学的人，是没有必要且很难交往的，因为他对于很多事情没有逻辑，也没有信念，甚至没有底线。

克制人性的贪婪

这是我认为的第三条底线。作为一位科学巨匠，牛顿曾经对于贪婪的问题讲了一句非常深刻的话："我可以计算天体运行的轨道，却无法计算人性的疯狂。"人性当中确实有贪婪的地方，既然人们在这个世界中追求正直，想处理好复杂的人际关系，那么就一定要戒贪，很难完全做到，至少要有一个基本的度。

贪婪的反义词是满足，我认为降低贪婪的有效方法就是低欲望地生活，起码在一些不必要的欲望面前尽量选择克制，这样就会获得很强的幸福感。我认为我的**幸福不在于我的能力，而在于我的欲望**，生存的品质取决于你的能力和欲望的比例关系。人们只有提高能力，努力降低欲望，才能让幸福不断提升。

人生不必太过匆忙

我每年要坐很多次飞机，很多时候飞机已经落地，在滑行阶段，还没停稳，一些人就站起来了，匆忙地拿行李，好像时刻准备着，一开门就冲出去。

有一次坐海轮，汽车停车位到海轮甲板的距离有两公里远，因此我们只能拿着行李往海轮那儿跑，大家都很累，气喘吁吁。走了很久终于上了甲板，我问工作人员："你们怎么不在更靠近海轮的地方设置停车位呢？何必让大家这么狼狈地跑呢？"对方说："以前停车位离船是很近，结果很多人抢着上船，挤来挤去就有人掉到海里去了。现在虽然需要你们多跑点路，但是起码安全了。"

上面两个故事我相信很多人也都遇到过，人之所以那么急迫，那么急躁，无非是内心深处想得到一些便利和实惠。拿下飞机这件事来说，我想那些着急的人也许不想托运，因为下飞机后可以很快离开，不用等待拿取托运的行李，其实相差不了几分钟的，这几分钟对于这些着急的人又有多大的意义呢？不得而知。

千万不要伤害可怜的人

关于这个问题，我曾经跟儿子有过认真深入的交流。我跟他说："如果你开车，要尽可能给出租车让路，因为人家跟你不一样，是在靠开车讨生活，司机会为十几块钱奔波，有时候开快点也在情理之中，而我们毕竟没有那么急。"

我经常建议我的孩子多到小摊小贩那里买东西，而且最好不要跟他们讨价还价。因为这种小摊小贩的利润有限，你给他一点机会，其实就是对社会的一种报答。

我教导孩子不要鄙视和嘲笑残疾人，有些事他们不是不能做，而是不便，更不是在精神或道德上有什么缺陷，所以我们应该给予他们应有的尊重。

如果有机会把钱给流浪的艺人，我鼓励孩子很认真地递过去，不要随便甩手一扔，对于比较贫困或可怜的人，要以真心和礼貌待之。

面对别人的不幸和坎坷，不要冷嘲热讽，更不要幸灾乐祸，哪怕过去有过节和矛盾，品行高尚有时也体现在这类为人处世的细节上。

对于那些相对可怜的人，或者过得更糟糕的人，要给予他们足够的理解和耐心，以及内心深处的关怀，至少不要去伤害他们。我曾经在《小窗幽记》当中看到一句话："待富贵人，不难有礼，而难有体；待贫贱人，不难有恩，而难有礼。"这句话的意思是，对于非富即贵的那些人，我们并不缺少礼貌，但是很难得体，不自觉就会显示出献媚之心；但是对待贫贱的人，我们不难有恩，可能会给他们一些施舍，但是很难做到彬彬有礼。先人给我们留下了很好的教育范例，这种说法其实完全符合我前面说的第五条底线——千万不要伤害可怜的人。

综上所述，我认为在为人处世上，不管你未来做得如何，这五条底线是绝对不可以越过的。以下三句话我认为对守护好个人底线是非常有帮助的，与君共勉。

事不三思总有败，人能百忍自无忧。

人生三修炼：看得透、想得开；拿得起、放得下；立得正、行得直。

不和别人较真，因为不值得；不和自己较真，因为伤不起；不和往事较真，因为没价值；不和现实较真，因为要继续。

8. 人生的终极目的到底是什么

> "幸福存在于生活之中,而生活存在于劳动之中。"
>
> ——俄国作家列夫·托尔斯泰

丘吉尔说过:"如果我们让过去和现在争吵,我们将失去未来。"人生的终极目的到底是什么?所有的哲学家都在思考同样的问题。我无法提供正确答案,只是根据自己之前的生活经验和感悟,以及对哲学的学习和理解,认为人生的终极目标就是"一生幸福"。

幸福的定义是什么?这也是一个仁者见仁、智者见智的问题,很难有答案。我个人认为在一个相对平静、不需要为事情而担忧和恐惧的状态下平常地过日子,跟非常亲切的人友爱相处,这就是幸福。

平淡的生活过优雅,富足的生活有意境

《颂平常心是道》是无门慧开禅师写的一首诗,我觉得这首诗正好说的就是幸福,诗是这么写的:春有百花秋有月,夏有凉风冬有雪,若无闲事挂心头,便是人间好时节。

这首诗看起来很平淡,没有什么特殊的地方,而这正是禅师写诗的特点,他能从平常事中悟出一些哲学的思考。如果分析这首诗,就会发现"春有百花秋有月,夏有凉风冬有雪"讲的是四时所见,也是指平时的日常生活。把平淡的生活过得比较优雅,才会有心思去看春花秋月,才会看夏风和冬雪。

这首诗的前半部分讲的是好日子，但是它并不等于幸福，幸福一定是没有任何的烦恼，所以诗的后半部分说道："若无闲事挂心头，便是人间好时节"。没有什么闲杂的事情让自己老记挂着或内心很空，那么这就是真正的幸福，我认为这首诗表达了对幸福真实的理解。

金钱确实能带来快乐，但是我想说的是它并不等同于幸福。法国作家斯特凡妮在其小说《核混乱》中说过一句话：当人生的最高目标是花最少的力气挣最多的钱的时候，人的道德就变得无可救药。所以挣钱多的，特别是不需要花什么力气就挣很多钱的，不一定就是人生的幸福。

很多人对于人生幸福，特别是与金钱挂钩的问题上，有很多不同的见解。我曾经在很多地方看过很多不同的人对于幸福的解释，罗高说过：谁能比这种人更痛苦，他们人虽在世，却已亲身参加了埋葬自己名声的丧礼。这句话显然是说，足够的金钱可以让人在物质生活上有所保障，获得一定程度的快乐，但这只是人生幸福的一部分，如果只追求这一部分而放弃了其他，包括名声、尊严、荣耀，那么仍然是不够幸福的。

好名声是不是就一定要出人头地？答案是否定的。曾经有一个很著名的播音员叫林如，40年前在中央人民广播电台播晚间新闻，她女儿是著名主持人王雪纯。我有幸与她合作过，她为我做过语音讲座的片头，声音非常圆润，对我当时的节目帮助很大。有一次，她对于"不想当将军的士兵不是好士兵"这句话的看法让我印象十分深刻。当时，她温婉地讲道："那还不是兵嘛。"我理解这句话的意思是，能做好一个兵，同样可以获得人生的幸福，未必一定要当上将军。

这个世界上绝大部分人在自己的普通岗位上工作好，比如铁匠能把铁打好，兽医能够把家畜的疾病治好，老师能教好课，这些其实就是常人的幸福。人如果能把自己的事做好，并且不愧于他人，也不愧于自尊，那么人生就是幸福的。在追求人生幸福的问题上，我并不主张年轻人过于自作聪明，小聪明很容易让人忘记自己的浅薄和普通，自信很容易变成自负。

我的图书处女作叫《营销人的自我营销》，里面说了一个故事：有一个教练当着很多学员的面用高尔夫球杆把球打飞了，打得很远，然后问那些学员如何去找到这个球？很多学员就开始提自己的建议，有人说要去最深的草丛里面找，有人提出应该从最核心的部分往外一圈圈地找，也有的人说应该从外面往里找。教练说：很简单，从草地的这一头找到另一头。很多事情其实没有什么太多的技巧，最简单的往往是最有效的，只要行动起来就行了。

我通过这个故事来训练当时公司内部的营销人员，告诫他们做业务不要自作聪明，很多事用最笨的方法干，往往也是最好的办法，投机取巧到头来可能是白忙活。在为人处事的过程当中，在追求自己人生幸福的过程当中，人必须把姿态放平，不要把自己看得太了不起。

会思考的人更幸福，不计较的人才洒脱

我曾经在北京大学给学生们讲过一个所谓的"汪中求2.18分理论"，当然那并不是真正的严格计算，只是拿计算的方式来算一个人的"聪明"到底有多大的作用。

我当时是这样说的：人的聪明与否，主要看两个部分，现在心理学已经解释了，即智力因素和非智力因素。智力因素可能占的权重并不大，假设占40%。如果进一步分析智力因素，其中知识和技能相比，占的权重少一些，比重大约是 40%。知识又分书本知识和社会知识两大部分，人在步入社会之后获得的知识显然比从书本上得来的多得多，假设书本知识占 40% 左右的权重，进而分析它只有 40% 可以应用于社会生活，很多人也证明过这个事情。如果前面我说的所有权重假设都成立的话，以 85 分为基数，"聪明"在其中的作用大概有多大呢？计算方法是 85 分乘以 4 个 40%，最后约等于 2.18 分。当然这只是我个人推导出的一个算式，或者说它就是个游戏，但是我想通过"2.18 分理论"来说明，人虽然掌握了一些知识，但是其中"聪明"的得分其实是不高的。刚刚步入社会的年轻人，千万不要因为有点知识就自作聪明。

人们为了自己人生的幸福，在不自作聪明的前提下，应该学会严格地思考问题，按一些科学的思考模式排除自己不熟悉、不舒服或不开心的事情。

我对这个思考程序做过一个总结：先要想想，这件让我不开心或不喜欢的事，有没有改变的余地？如果有，那么我改变它需要消耗的资源和精力，和改变之后所能获得的是不是成正比？也就是衡量做出改变到底划不划算？然后思考如果我不去改变它，放弃了，容忍了，会有多大的损失，这个损失如果折算成金钱的话，我对这些金钱到底有多大的依赖，我是不是一定需要它？如果不能用金钱折算，那么就要再考虑损失的部分会不会影响我的名声？最后思考人们是否会用这件事来评价我的人品？如果损失的名声相对很小，会有多少人在意这件事？

我爱人在精心化妆的时候，总是会问我这样是不是得体，我会说：允许有一些瑕疵，因为外人没有我对你这么关注，有些事情你没有必要去计较它。就算这件事情跟你确实有很大的关系，那么这种关系给你带来的破坏和损失会持续多久？如果你很快就能获得新的认知，那么这个事情对你的伤害就没有那么大。

我曾经跟我弟弟讲过：某个人得罪了你，如果20年以后你会遗忘，那么今天就不要记住他，这样你就不会难受那么长时间。很多时候，人的一些情绪其实是没有必要留存于脑海里的，那些无聊的或破坏心境的事只会破坏你的幸福。

更进一步讲，其实人的有些情绪往往是来自身边最亲近的人或更琐碎的事情，这样的话就更不值得计较，更没有发泄的必要。如果能把这些事想通了，那么就一定会更接近幸福。

我的朋友聂圣哲先生写过一个黄梅戏，讲的是"三尺巷"的故事，台词中引用清代张英的一首七言绝句："千里家书只为墙，让他三尺又何妨。万里长城今犹在，不见当年秦始皇。"这首诗说的是张英的邻居欲占他家的宅基地，他所回家书用这几句诗劝解家人礼让邻里，彰显了他的博大胸怀。这个故事反映出人生很多事是不值得计较的，计较就会降低幸福感。人们应该更豁达地面对人生，重新思考某些事，这样才会让自己的生活始终处于幸福的状态。

法国大思想家、哲学家卢梭在《一个孤独的散步者的梦》中提道："如果世间真有这么一种状态：心灵十分充实和宁静，既不怀恋过去，也不奢望将来，放任光阴的流失，而紧紧抓住现在，无匮乏之感，也无享受之感，不快乐也不忧愁，既无所求也无所惧，而只感受到自己的存在。处于这种状态的人就可以说自己得到了幸福。"我非常同意他的论述，也希望所有人拥有这种状态，享受属于自己的幸福。

附 录

附录 1

姥姥赞

姥姥者，儿女之外婆也。

养女成人，拱手相让，为俗人妻。既有儿女，上门服务，为孙辈劳。

姥姥数代居辽宁，一朝相随下珠海。告别猪肉粉条和东北乱炖，放下无与伦比的韭菜盒子；月月忍受南方的潮湿与热毒，日日接纳广东之清淡和汤水。既无二人转相伴，只有凤凰台作陪。秧歌再看不到了，街舞是学不会的。当然可以加入广场舞，无奈完全不认新老头。

幼儿偶感病毒，姥姥彻夜照料；小女不时撒娇，外婆竟日安抚。更有我，长年在外，家中全面照管；甚或妻，不时出差，邻里怎么托付？

子女教育，百年大计；隔代理念，多有不同。吐故纳新老岳母，紧跟时代丈母娘。坚守孩子三岁前不看电视、四岁后分房睡觉；不慎跌倒不急于扶起，偶尔发烧不忙着送医。带孙子读绘本，给孙女讲恐龙。使孩子们微笑着入睡，让小儿们你好中醒来。阳光，开朗，坚强，自立：亲父母也难以做到，教育家亦不过如此。

谢谢，姥姥；感恩，外婆！

附录2

给女儿待人接物的36条建议

女儿：

此次你随我拜访了很多前辈、学者，很高兴你有了很大的进步，毕竟你是大三的学生了，但还是有很多细节做得不到位，老爸给你一些建议，希望在待人接物方面你能做得更好。因为，在他人不了解你的学识之前，只能评价你的修养，而修养常常表现在细节上。虽说今日已是个性时代，人各有其风格，淑女未必再是褒义，但举止得体、温良恭谦、文质彬彬，总会给人以好感，并能避免犯错、犯傻。今日的学校教育已很少涉及此类内容，故在博客上刊发，以对你的同辈有所启发。

1. 遇上父亲的同事或朋友不知如何称呼时，以"叔叔""伯伯""老师"称之。

2. 遇长辈、师友，按照礼仪习惯是由长者先伸出手，如果是异性，你也可以大大方方先伸出手来。

3. 进电梯，如果没有电梯司机，一般是下属或晚辈先进电梯，为他人控制梯门的开合。出电梯，要按住开梯按钮让他人先出。但如因人多而你在门边，也可以先出。

4. 与师长同车，通常让师长坐在司机身后的右侧座位。与师长关系特别亲密的人开车时则一般可以理解为副驾驶位为尊，也有些地方以司机右后位为尊。一般你应该帮师长关好车门且最后上车，坐车内空余的座位。

5. 与师长同行，可让师长走前面，自己侧后随之。

6. 在马路上与师长同行，则可把较安全的一侧留给对方。

7. 上楼梯、台阶，在湿滑处、易碰头处应及时给师长提示。

8. 与师长同行，尽可能为他提行李。如果师长要帮助你提行李，可以成全其绅士风度，但不宜让自己两手空空。

9. 上妆迎客是对他人的尊重，但知识女性不宜化浓妆，也不要当他人的面补妆。

10. 赴宴不要过早上席位，跟随上席先坐末座，当然也不必过于拘泥，最终客随主便就是。

11. 在不用分座次的情形下，最好不要坐在光线过强的地方。

12. 会客不要穿崭新的衣服，最好也不是刚做的发型。但衣服缺纽扣或袜子有孔洞也很不好，万一有此情形，应在对方注意到时微笑道歉，无须一直遮掩。

13. 作为晚辈，刚走上社会，倒茶、斟酒之类，多做无碍。

14. 在正式会客或交流中（包括宴席上，尤其会议桌上），不要玩手机（包括发短信）。不得已要用手机，也应离席并向主持人或身边人示意致歉。

15. 咳嗽、打喷嚏、擦口鼻、掸衣上脏物之类，尽可能背身过去处理。假如觉得动作很大并时间来得及，可离席处理，之后向主持人或身边人轻声致歉或以微笑示意。

16. 师长抽烟，不要表现出不悦，但可以健康理由建议其少抽。如果在禁止吸烟的场合，则礼貌地提示其换至吸烟室。

17. 与师长交谈，说话语速适中，不宜过快。

18. 与人交谈，少用或尽量不用"然后""再就是""知道吗""呲"等属于学生化的口语，应在走出大学校门前通过训练调整过来。

19. 说话时可以手势助之，但频率不宜过高，且幅度不宜过大。比如挥手不过头，横摆不过肩。

20. 对某一领域不了解是正常的，学习的目的之一就是发现并弥补自己的空白领域。因此对话或陪客时，因专业不对口或知识结构不具备，可以少说话，但不可表现出漠视，要配以会意的点头和微笑。

21. 在一般的交流中（有英文环境或与外籍人士交往除外），最好不要插入英文单词，实在要用也当随之译出中文。

22. 师长交代事项，最好即时以纸笔记下。

23. 接待你的地方如接待条件不好，倒的茶水也一定要喝，可以不喝完。

24. 任何情况，酒都可以不喝，可用替代品，且应征得或说服主陪同意。

25. 如有跳舞场合，要大方出场，但要适可而止，切忌卖弄或垄断现场。

26. 如受到师长的接待，离开后应于下飞机或下火车时向其报平安。

27. 对于师长的劝诫、建议或批评，事中表示接受，事后如可能应以电话、微信或电子邮件方式向其表示感谢或言明自己的进一步理解。

28. 师长来短信应回复，哪怕是"知道了""好的""明白""OK"。

29. 给人发信息，应留下自己的姓名。如对方连你的姓名也可能记不住则应留单位或相识之场合（确认非常熟悉并一定存有你的号码者除外）。

30. 给人回信或去电子邮件，最好每次都在最后一页的左下方留下自己的联系方式（非闺密一般不留住宅电话）。

31. 收到师长转交或邮寄来的礼物，应及时告知收到，并真诚地表示喜欢或言明对此礼物的理解。

32. 离席时，应将座椅推入桌下放好。

33. 出门时，应轻放回弹之门。

34. 关车门，最好一次关牢。但不宜产生重重之声响，切忌使人误以为你扫兴而去。

35. 分别时，有人送你，应放下车窗玻璃告别，挥手示意。

36. 客人离去，应送至楼下或电梯口。如送到车旁，应待车开动后目送客人离开可视范围再返回。

父亲
2007 年 2 月 15 日

附录 3

人之初，本无知；元之旦，蒙学始

近日，教孩子读《三字经》。中华人民共和国成立之前，中国人对孩子的启蒙教育，往往是"三百千千"，也就是从《三字经》《百家姓》《千字文》和《千家诗》开始的。本以为《三字经》这部启蒙读物的第一部，一共才 474 句，1422 字，幼小时也曾熟读过，应该不在话下；谁知，三问两问，便知自己原本并没搞懂，不过似是而非，囫囵吞枣；而且，较真起来，要克服不求其解，还真的需要翻阅大量其他书籍，方可"借桥过河"。

《三字经》原本不过是一篇不足千字的短文，出自南宋学者王应麟之手，大概想教给小孩子一些常识，并指导孩子们随着年龄的长大继续读一些经典。明代以后，《三字经》广为流传。因为朝代更替延续，后人在历史知识部分先后作了一些补充，包括清代道光年间的贺兴思的增补。这一段介绍中华历史沿革，目的无非是"考世系，知终始"，总还是常识介绍的范畴，当然也可以理解为"载治乱，知兴衰"的教育意义。现在的历史教材，这一部分还是以不同方式保留了。

但是，《三字经》中介绍的大量常识，今天不仅孩子们很少知道，就是大人们也未必明白。如果，你认为这些不需要知道或不以之为常识，就不在此讨论范畴。我粗略统计一下，《三字经》中涉及常识大约 24 类，共 138 项。

三才：天、地、人；

三光：日、月、星；

三纲：君臣、父子、夫妇；

四时：春、夏、秋、冬；

四方：南、北、西、东（如果把"中"计入应为"五方"）；

五行：金、木、水、火、土；

十天干：甲、乙、丙、丁、戊、己、庚、辛、壬、癸；

十二地支：子、丑、寅、卯、辰、巳、午、未、申、酉、戌、亥（天干地支交叉就有了"六十甲子"）；

四渎（四条主要河流）：江、河、淮、济（济水在河南山东境内，起于王屋山，终流入渤海，黄河几经改道，乱了济水的分界，但"济南"应因此水而来，且读音应为三声）；

五岳（五座名山）：岱（泰山）、华、嵩、恒、衡；

四民：士、农、工、商；

五常：仁、义、礼、智、信；

六谷：稻、粱、菽、麦、黍、稷；

六畜：马、牛、羊、鸡、犬、豕；

七情：喜、怒、哀、惧、爱、恶、欲；

五色：青、赤、黄、白、黑；

五味：酸、苦、甘、辛、咸；

五臭（嗅觉）：膻、焦、香、腥、朽；

八音：匏、土、革、木、石、金、丝、竹；

四声：平、上、去、入（今之四声为阴平、阳平、上声、去声，入声字只保留在古文和方言中）；

九族：高祖、曾祖、祖父、父亲、自身、儿子、孙子、玄孙、曾孙；

十义（十种行为或美德）：父慈、子孝、夫和、妇从、兄友、弟恭、朋谊、友信、君敬、臣忠；

五服（亲族中先人去世所穿五种不同孝服，以此区分亲缘关系，南方农村还以之判断是否近亲）：斩衰（cuī，一声）、齐衰、大功、小功、缌麻；

六艺：礼、乐、御、射、书、数。

读书中的"常识"，我以为是那些绝大多数人经常用到，而且觉得并不需要注解的内容。以上这些，有些很少用到，比如"五服""八音"；有些有变化，如"四声""五谷""五臭"；有些今人不用而古文中频繁出现，如"五行""天干地支"。

《三字经》也可以看作劝学文，作者想和孩子们说清楚为何学、学什么、怎么学，为此还用了大量的典故。这么多典故一一弄清楚更需要时间，但文中给后人所列"读书目录"，还是非常值得关注的。

四书：《论语》《孟子》《大学》《中庸》；

六经：《诗经》《书经（尚书）》《礼记》《乐经》《易经》《春秋》；

四诗：《国风》《大雅》《小雅》《颂》；

三传：《公羊传》《左传》《谷梁传》；

五子：《荀子》《扬子》《文中子》《老子》《庄子》；

四史：《史记》《汉书》《后汉书》《三国志》（看文中"参通鉴"，即计入《资治通鉴》可为"五史"）。

这里书、经、诗、传、子、史六类，考虑其中的"四诗"还是《诗经》一种，《大学》《中庸》不按朱熹所提单列只习《礼记》，《乐经》不存在，应该是整20种。之前人们指导小孩读这些经典，现在大人中也没几个人全都接触过。

　　反正，我是不敢吹牛说自己通读了，连以上这些常识也费了九牛二虎之力归整起来。在整理过程中，我不时地让助理帮我查阅资料，完工和助理说了一句："幼学之首，我等未知，可见今日其实没几个'读书人'。"

附录 4

读者来信

汪老师您好！

我认真看了书序，联想到和小虎的交流，觉得他年仅十二三岁，却已展现出超越年龄的成熟与自信。从主动设计产品到成功发起众筹，每一步都透露出他对梦想的执着追求和对市场的敏锐洞察。令人赞叹的是，他在众筹过程中的对话，既展现了商业谈判的智慧，又不失礼貌与谦逊，更难能可贵的是他对自我价值的清晰认识和对他人感受的细腻体察。这种在实践中获得的学习、成长的能力，正是现代教育中最为稀缺也最为宝贵的财富。

而这一切的背后，离不开老师您作为家长的智慧与远见。您没有仅仅将孩子局限于书本知识，而是鼓励他们走出家门，广泛接触社会，与不同领域的人交流学习。这种开放式的教育方式，不仅拓宽了孩子的视野，更激发了他们的好奇心和创造力。特别是您允许并支持小虎参与"中国第 8 届花切大会"，让他和同龄人深入交流，这些经历无疑为小虎的成长注入了强大的动力。

此外，小虎对"留白"一词的理解和诠释，也让人深感其文化底蕴和哲学思考。他不仅仅是在设计一副扑克牌，更是在通过这个过程探索自我、表达思想。这种将艺术、设计与哲学相结合的能力，正是现代社会所需要的复合型人才所具备的特质。最后小虎决定适可而止，不再继续众筹的决策，更是展现了他的成熟与理智。他明白，过度的众筹会改变产品的稀缺性，也会给自己带来不必要的压力。这种对自我边界的清晰认知和对目标的坚定把握，是他未来能够持续成长和成功的重要基石。我相信小虎一定能成事！也相信您的新书会大卖！

附录 5

近年高校专业新增和裁撤前 100

近年高校专业新增前 100

序号	主管部门、学校名称	专业名称	学位授予门类
1	清华大学	智能工程与创意设计	工学
2	北京邮电大学	智能交互设计	工学
3	中国农业大学	社会政策	法学
4	中国农业大学	土地科学与技术	农学
5	中国农业大学	兽医公共卫生	农学
6	北京中医药大学	中医骨伤科学	医学
7	中国矿业大学（北京）	智能采矿工程	工学
8	中国地质大学（北京）	自然资源登记与管理	管理学
9	南开大学	密码科学与技术	工学
10	吉林大学	古文字学	历史学
11	厦门大学	化学测量学与技术	理学
12	厦门大学	基础医学	医学
13	山东大学	密码科学与技术	工学
14	中国海洋大学	保密技术	工学
15	华中科技大学	密码科学与技术	工学
16	华中师范大学	融合教育	教育学
17	西安交通大学	网络空间安全	工学
18	西安电子科技大学	运动训练	教育学
19	西安电子科技大学	密码科学与技术	工学
20	西北农林科技大学	智慧牧业科学与工程	农学

续表

序号	主管部门、学校名称	专业名称	学位授予门类
21	北京电子科技学院	密码科学与技术	工学
22	华侨大学	运动训练	教育学
23	暨南大学	预防医学	医学
24	北京航空航天大学	网络空间安全	工学
25	北京航空航天大学	智能飞行器技术	工学
26	北京理工大学	密码科学与技术	工学
27	哈尔滨工业大学	智能测控工程	工学
28	哈尔滨工业大学	城市水系统工程	工学
29	西北工业大学	柔性电子学	工学
30	中国人民公安大学	数据警务技术	工学
31	中国人民警察大学	刑事科学技术	工学
32	中国人民警察大学	海外安全管理	管理学
33	中国刑事警察学院	反恐警务	法学
34	南京森林警察学院	食品药品环境犯罪侦查技术	工学
35	中央司法警官学院	数据警务技术	工学
36	中国消防救援学院	消防政治工作	法学
37	上海海关学院	海关检验检疫安全	管理学
38	北京体育大学	体育旅游	教育学
39	中国科学技术大学	量子信息科学	理学
40	中国民用航空飞行学院	治安学	法学
41	首都体育学院	电子竞技运动与管理	教育学
42	中国音乐学院	音乐教育	艺术学
43	天津中医药大学	临床医学	医学
44	天津中医药大学	中医康复学	医学
45	天津中医药大学	中医养生学	医学
46	天津中医药大学	中医骨伤科学	医学

续表

序号	主管部门、学校名称	专业名称	学位授予门类
47	天津职业技术师范大学	航空服务艺术与管理	艺术学
48	天津外国语大学	国际组织与全球治理	法学
49	衡水学院	航空服务艺术与管理	艺术学
50	邯郸学院	武术与民族传统体育	教育学
51	沧州师范学院	武术与民族传统体育	教育学
52	河北金融学院	信息安全	工学
53	太原理工大学	运动训练	教育学
54	山西农业大学	生物农药科学与工程	农学
55	山西师范大学	体育旅游	教育学
56	长治学院	航空服务艺术与管理	艺术学
57	山西警察学院	经济犯罪侦查	法学
58	山西警察学院	公安情报学	法学
59	山西警察学院	公安视听技术	工学
60	山西师范大学现代文理学院	航空服务艺术与管理	艺术学
61	集宁师范学院	航空服务艺术与管理	艺术学
62	辽宁工业大学	应急装备技术与工程	工学
63	中国医科大学	生物医学	理学
64	锦州医科大学	临床药学	理学
65	大连医科大学	眼视光医学	医学
66	鲁迅美术学院	实验艺术	艺术学
67	辽东学院	航空服务艺术与管理	艺术学
68	延边大学	旅游管理	管理学
69	吉林建筑大学	消防工程	工学
70	吉林工程技术师范学院	航空服务艺术与管理	艺术学
71	长春科技学院	航空服务艺术与管理	艺术学

续表

序号	主管部门、学校名称	专业名称	学位授予门类
72	长春人文学院	航空服务艺术与管理	艺术学
73	东北石油大学	网络空间安全	工学
74	黑龙江中医药大学	中医骨伤科学	医学
75	齐齐哈尔大学	运动训练	教育学
76	上海电力大学	能源服务工程	工学
77	上海电力大学	能源互联网工程	工学
78	上海健康医学院	智能影像工程	工学
79	上海体育学院	运动与公共健康	理学
80	上海工程技术大学	航空服务艺术与管理	艺术学
81	上海政法学院	社区矫正	法学
82	南京信息工程大学	气象技术与工程	工学
83	南京师范大学	跨媒体艺术	艺术学
84	盐城师范学院	航空服务艺术与管理	艺术学
85	扬州大学	预防医学	医学
86	南京航空航天大学金城学院	航空服务艺术与管理	艺术学
87	南京师范大学中北学院	航空服务艺术与管理	艺术学
88	中国美术学院	纤维艺术	艺术学
89	宁波财经学院	创业管理	管理学
90	杭州医学院	精神医学	医学
91	安徽理工大学	智能采矿工程	工学
92	巢湖学院	运动训练	教育学
93	合肥学院	智慧交通	工学
94	集美大学	网络空间安全	工学
95	厦门华厦学院	会计学	管理学
96	江西警察学院	公安政治工作	法学

续表

序号	主管部门、学校名称	专业名称	学位授予门类
97	南昌理工学院	航空服务艺术与管理	艺术学
98	南昌航空大学科技学院	网络空间安全	工学
99	南昌航空大学科技学院	航空服务艺术与管理	艺术学
100	齐鲁工业大学	电子竞技运动与管理	教育学

近年高校专业裁撤前100

序号	主管部门、学校名称	专业名称	学位授予门类
1	中国人民大学	编辑出版学	文学
2	中央财经大学	社会体育指导与管理	教育学
3	中央财经大学	物流管理	管理学
4	国际关系学院	信息管理与信息系统	工学
5	南开大学	临床医学	医学
6	天津大学	材料化学	理学
7	天津大学	微电子科学与工程	工学
8	天津大学	信息工程	工学
9	东北大学	软件工程	工学
10	吉林大学	理论与应用力学	理学
11	吉林大学	服装设计与工程	工学
12	吉林大学	电子商务	管理学
13	吉林大学	服装与服饰设计	艺术学
14	南京农业大学	工商管理	管理学
15	合肥工业大学	社会工作	法学
16	合肥工业大学	船舶与海洋工程	工学
17	山东大学	临床医学	医学
18	山东大学	口腔医学	医学
19	华中农业大学	农业电气化	工学

续表

序号	主管部门、学校名称	专业名称	学位授予门类
20	华中农业大学	城乡规划	工学
21	华中农业大学	产品设计	艺术学
22	华中农业大学	动植物检疫	理学
23	湖南大学	国际经济与贸易	经济学
24	湖南大学	社会体育指导与管理	教育学
25	湖南大学	材料化学	工学
26	湖南大学	金属材料工程	工学
27	湖南大学	无机非金属材料工程	工学
28	湖南大学	软件工程	工学
29	湖南大学	表演	艺术学
30	湖南大学	电子信息科学与技术	工学
31	湖南大学	轨道交通信号与控制	工学
32	湖南大学	旅游管理	管理学
33	中南大学	工业设计	工学
34	中南大学	信息工程	工学
35	中南大学	地球信息科学与技术	工学
36	中南大学	临床医学	医学
37	重庆大学	政治学与行政学	法学
38	重庆大学	应用心理学	理学
39	重庆大学	材料物理	理学
40	重庆大学	金属材料工程	工学
41	重庆大学	无机非金属材料工程	工学
42	重庆大学	地质工程	工学
43	重庆大学	人力资源管理	管理学
44	重庆大学	公共事业管理	管理学
45	重庆大学	财政学	经济学

续表

序号	主管部门、学校名称	专业名称	学位授予门类
46	重庆大学	旅游管理	管理学
47	西南大学	科学教育	教育学
48	西南大学	自然地理与资源环境	理学
49	西南大学	信息工程	工学
50	西南大学	服装设计与工程	艺术学
51	西南大学	城乡规划	工学
52	西南大学	森林保护	农学
53	西南大学	劳动与社会保障	管理学
54	西南大学	环境设计	艺术学
55	西南财经大学	管理科学	理学
56	长安大学	电子科学与技术	工学
57	长安大学	建筑电气与智能化	工学
58	西南民族大学	武术与民族传统体育	教育学
59	西南民族大学	影视摄影与制作	艺术学
60	中国民用航空飞行学院	能源与动力工程	工学
61	中国民用航空飞行学院	物流管理	管理学
62	中国民用航空飞行学院	交通管理	管理学
63	中国劳动关系学院	公共事业管理	管理学
64	首都师范大学	信息工程	工学
65	首都师范大学	智能科学与技术	工学
66	北京物资学院	信息工程	工学
67	天津理工大学	材料化学	理学
68	天津理工大学	电子信息科学与技术	理学
69	天津师范大学	武术与民族传统体育	教育学
70	天津体育学院	旅游管理	管理学
71	河北大学	工程力学	工学

续表

序号	主管部门、学校名称	专业名称	学位授予门类
72	河北大学	生物医学工程	工学
73	河北地质大学	地球信息科学与技术	工学
74	唐山师范学院	经济统计学	经济学
75	唐山师范学院	自然地理与资源环境	理学
76	唐山师范学院	应用统计学	理学
77	唐山师范学院	艺术设计学	艺术学
78	唐山师范学院	产品设计	艺术学
79	唐山师范学院	服装与服饰设计	艺术学
80	廊坊师范学院	油气储运工程	工学
81	廊坊师范学院	服装与服饰设计	艺术学
82	廊坊师范学院	焊接技术与工程	工学
83	燕山大学	交通运输	工学
84	河北经贸大学	生物技术	理学
85	河北经贸大学经济管理学院	电子信息工程	工学
86	保定理工学院	翻译	文学
87	保定理工学院	旅游管理	管理学
88	山西农业大学	农艺教育	农学
89	太原师范学院	艺术教育	艺术学
90	山西财经大学	数据科学与大数据技术	理学
91	山西工程科技职业大学	化学	理学
92	山西工程技术学院	思想政治教育	法学
93	内蒙古农业大学	服装设计与工程	工学
94	内蒙古师范大学	广告学	文学
95	内蒙古鸿德文理学院	表演	艺术学
96	内蒙古鸿德文理学院	戏剧影视文学	艺术学

续表

序号	主管部门、学校名称	专业名称	学位授予门类
97	内蒙古鸿德文理学院	戏剧影视美术设计	艺术学
98	辽宁大学	公共事业管理	管理学
99	辽宁工程技术大学	生物技术	理学
100	大连工业大学	信息与计算科学	理学

附录 6

参考书目

[1] 蔡真妮. 用尊重成就孩子的一生 [M]. 桂林：漓江出版社，2010.

[2] 高燕定. 人生设计在童年 [M]. 桂林：广西师范大学出版社，2005.

[3] 黄全愈. 素质教育在美国——留美博士眼中的中美教育 [M]. 广州：广东教育出版社，1999.

[4] 朱晓强，成佩华. 朱成在哈佛——朱成父母家教手记 [M]. 沈阳：春风文艺出版社，2007.

[5] 傅雷. 傅雷家书 [M]. 沈阳：辽宁教育出版社，2004.

[6] 朱光潜. 给青年的 12 封信 [M]. 南京：译林出版社，2018.

[7] 刘文英. 阳光男孩是这样成长的 [M]. 北京：新华出版社，2010.

[8] 〔美〕丹·沙利文，凯瑟琳·野村. 阳光男孩是这样成长的 [M]. 于继革，译. 北京：中信出版社，2007.

[9] 中华书局（香港）有限公司. 香港人应知的国学常识·日常生活篇 [M]. 香港：中华书局（香港）有限公司，2010.

[10] 〔美〕阿黛尔·法伯，伊莱恩·玛兹丽施. 如何说孩子才会听 怎么听孩子才肯说 [M]. 安燕玲，译. 北京：中央编译出版社，2007.

[11] 张静宇. 石头剪刀布 [M]. 北京：新华出版社，2009.

[12]〔美〕帕蒂·惠芙乐. 倾听孩子——家庭中的心理调适（第二版）[M]. 陈平俊等，编译. 北京：北京大学出版社，2007.

[13] 马志国. 读懂青春期孩子的心 [M]. 北京：机械工业出版社，2013.

[14] 孙云晓，李文道，赵霞. 拯救男孩 [M]. 北京：作家出版社，2010.

[15]〔美〕温迪·莫戈尔. 好父母的说话之道 [M]. 庞岚晶，译. 上海：上海社会科学院出版社，2020.

[16] 钟琴. 每一个孩子都是天使 [M]. 北京：新世界出版社，2011.

[17] 金一娜. 我同时考上了清华和伯克利 [M]. 北京：新世界出版社，2011.

[18]〔英〕西蒙·克里切利. 哲学家死亡录 [M]. 王志超，黄超，译. 北京：商务印书馆，2015.

[19]〔以色列〕尤瓦尔·赫拉利. 人类简史 [M]. 林俊宏，译. 北京：中信出版社，2014.

[20]〔英〕史蒂芬·霍金. 果壳中的宇宙 [M]. 吴忠超，译. 长沙：湖南科学技术出版社，2006.

[21]〔英〕戴维·费尔津. 霍金的宇宙 [M]. 赵复垣，译. 海口：海南出版社，2000.

[22]〔澳〕约翰·赫斯特. 你一定爱读的极简欧洲史 [M]. 席玉苹，译. 桂林：广西师范大学出版社，2011.

[23] 刘擎. 刘擎西方现代思想讲义 [M]. 北京：新星出版社，2021.

[24]〔美〕黄仁宇.中国大历史[M].北京:生活·读书·新知三联书店,1997.

[25]胡适.中国哲学史大纲[M].北京:中华书局,2015.

[26]〔美〕亨利·基辛格.论中国[M].胡利平,林华,译.北京:中信出版社,2015.

[27]〔美〕亚瑟·亨·史密斯.中国人的性格[M].李明良,译.西安:陕西师范大学出版社,2010.

[28]李敖.审判美国[M].北京:中信出版社,2011.

[29]戴季陶.日本论[M].北京:东方出版社,2013.

[30]〔韩〕高丽大学校韩国史研究室.新编韩国史[M].孙科志,译.济南:山东大学出版社,2010.

[31]杨佩昌.你所不了解的德国人——为什么德国民富国强[M].北京:新华出版社,2010.

[32]廖信忠.我们台湾这些年2[M].南京:江苏人民出版社,2014.

[33]〔美〕尼尔·布朗,斯图尔特·基利.学会提问[M].吴礼敬,译.北京:机械工业出版社,2013.

[34]〔美〕摩尔,帕克.批判性思维:带你走出思维的误区[M].朱素梅,译.北京:机械工业出版社,2012.

[35]〔美〕托马斯·卡斯卡特.电车难题[M].朱沉之,译.北京:北京大学出版社,2014.

[36]〔美〕丹尼斯·舍伍德.系统思考(珍藏版)[M].邱昭良,刘昕,译.北京:机械工业出版社,2008.

[37]〔美〕韦恩·C·布斯等.研究是一门艺术[M].陈美霞,徐毕青,许甘霖,译.北京:新华出版社,2009.

[38] 刘力红. 思考中医 [M]. 桂林：广西师范大学出版社，2006.

[39]〔英〕罗伊·波特. 极简医学史 [M]. 王道还，译. 北京：清华大学出版社，2016.

[40] 沈复. 浮生六记 [M]. 合肥：安徽文艺出版社，2003.

[41]〔西〕葛拉西安等. 生活的艺术 [M]. 刘津，编译. 北京：海潮出版社，2002.

[42] 孙云晓，张引墨. 藏在书包里的玫瑰 [M]. 北京：新星出版社，2018.

[43] 东方龙吟. 解读苏东坡：女性情感 [M]. 南京：江苏文艺出版社，2006.

[44] 刘慈欣. 三体 [M]. 重庆：重庆出版社，2008.

[45]〔德〕克劳塞维茨. 战争论 [M]. 北京：解放军出版社，2005.

[46] 荣挺近，主编. 胡适讲四大名著 [M]. 北京：新华出版社，2005.

[47] 汪荣祖. 史家陈寅恪传 [M]. 北京：北京大学出版社 2013.

[48] 邵建. 胡适与鲁迅 [M]. 北京：光明日报出版社，2008.

[49] 余世存. 非常道——1840—1999 的中国话语 [M]. 上海：上海三联书店，2015.

[50]〔美〕海明威. 老人与海 [M]. 吴劳，译. 上海：上海译文出版社，2003.

[51]〔美〕约翰·霍根. 科学的终结 [M]. 孙雍军等，译. 安道，校. 呼和浩特：远方出版社，1997.

[52]〔美〕周永明. 中国网络政治的历史考察：电报与清末时政 [M]. 北京：商务印书馆，2013.

[53]〔日〕山下英子.断舍离[M].贾耀平,译.长沙:湖南文艺出版社,2019.

[54]〔德〕迪特里希·朋霍费尔.狱中书简[M].高师宁,译.北京:新星出版社,2011.

[55]沈明明.善待生命 善待自己[M].北京:九州出版社,2007.

[56]李天道,主编.快读演讲辞名篇[M].成都:四川文艺出版社,2006.

[57]李屹之,主编.语林趣话全集[M].北京:新世界出版社,2007.

[58]郝明鉴.文字的味道[M].上海:上海人民出版社,2006.

[59]南方周末,编选.修身老课本[M].广州:花城出版社,2011.

[60]钟叔河,选辑.曾国藩与弟书[M].长沙:岳麓书社,2002.

[61]喻岳衡,主编.传统蒙学丛书·三字经 千字文[M].长沙:岳麓书社,2005.

[62]喻岳衡,主编.传统蒙学丛书·幼学琼林[M].长沙:岳麓书社,2011.

[63]喻岳衡,主编.传统蒙学丛书·龙文鞭影[M].长沙:岳麓书社,2008.

[64]喻岳衡,主编.传统蒙学丛书·声律启蒙[M].长沙:岳麓书社,2007.

[65]李凤,注.笠翁对韵[M].北京:中华书局,2014.

[66]张明帅.每天读点弟子规[M].北京:朝华出版社,2010.

[67]抢救民间家书项目组委会,主编.家书抵万金[M].北京:新华出版社,2006.

[68] 郭保华. 中华字经 [M]. 郑州：郑州大学出版社，2016.

[69] 吕得胜. 小儿语 [M]. 长沙：岳麓书社，2003.

[70] 朱柏庐. 朱子家训 [M]. 兰州：甘肃人民出版社，1990.

汪中求老师
家庭教育系列课程

- **01** 解码中国式家庭教育
- **02** 让孩子活得像孩子（观察兴趣，发现爱好，培养专长）
- **03** 家庭教育中的爸爸缺位
- **04** 孩子的 4 个重要习惯
- **05** 瞄准未来的 15 年培养孩子
- **06** 让孩子更早接触商业文明

课程咨询电话及微信

王老师
010-68487630
13466691261（同微信）